STREET GANG
Terre di Confine

BANDE DI STRADA
REATI MINORI
CRIMINE ORGANIZZATO

Rossana del Zio

a **Enea**

Se il tuo piano è per 1 anno, pianta il riso.
Se il tuo piano è per 10 anni, pianta gli alberi.
Se il tuo piano è per 100 anni, **educa i bambini.**
Confucio

CONTENUTI

Ringraziamenti

Grazie a "Red Fox" per l'amicizia, le chiacchierate ed il suo supporto costante e reale, dalla grande fiducia accordatami alle piccole correzioni ed ai suoi grandi suggerimenti.

Grazie ai miei allievi per il loro continuo interesse e dedizione.

Grazie a Tony, l'amico che è riuscito a farmi sentire e vedere "live" suoni, voci e volti delle mitiche "Gang of New York" di Five Points.

Voglio infine ringraziare il destinatario della dedica, Enea. Il suo supporto e la sua comprensione sono stati tutto per me, non per la scrittura del libro, bensì per la mia vita. Semplicemente non sarei stata in grado di seguire le sue e le mie attitudini senza il suo "essere presente".
Gli sono immensamente grata per avermi introdotto nel mondo di cui faccio parte, insegnandomi a volare.

Prefazione

Viviamo in un'epoca profondamente caratterizzata da una crisi di valori, nella quale i capisaldi della società, quali la famiglia, la scuola e le istituzioni sono costantemente messi in discussione e laddove perfino la religione viene invocata e strumentalizzata solo per giustificare scelte oltranziste.

La libera iniziativa e la meritocrazia, che dovrebbero consentire ad ogni individuo di realizzare i propri sogni, sono minate dal fatto che, com'è fin troppo facile capire, gli ultimi continueranno ad essere gli ultimi se i primi sono irraggiungibili; ciò comporta che chi è partito prima ed ora occupa posizioni dominanti continuerà ad arricchirsi a scapito dal resto della popolazione e il potere di controllare l'intero pianeta si concentrerà nelle mani di pochissime persone, senza che gli altri abbiano anche solo la speranza di poter partecipare alla competizione per cambiare lo status quo.

La globalizzazione del commercio, l'automazione robotizzata del mondo del lavoro, l'incremento fuori controllo della popolazione mondiale e la migrazione dei popoli diseredati, alla ricerca di sostentamento economico, sono le cause alla base del crollo dei salari di ingresso per chi si affaccia per la prima volta al mondo del lavoro.

In questa situazione, a trovarsi in difficoltà è soprattutto la fascia più debole della popolazione, ossia quella giovanile, che avrebbe dovuto abbeverarsi alla saggezza degli anziani per trovare l'energia e gli stimoli per forgiare il futuro con le proprie mani.

I giovani, invece, si trovano a dover correre una gara senza regole, nella quale l'unico obiettivo sembra essere quello di avere tutto e subito, possibilmente in cambio di niente, bruciando le tappe in cambio di facili guadagni, e vivendo di fatto in una sorta di paese dei balocchi postmoderno di Collodiana[1] memoria.

Questo senso di vuoto deve comunque essere colmato, perché l'essere umano è un'animale sociale, e ciò si traduce nella rincorsa ad un altro

---

[1] Il Paese dei balocchi è un luogo immaginario descritto nel 1881 da Carlo Collodi (all'anagrafe Carlo Lorenzini, scrittore e giornalista italiano vissuto a Firenze nel periodo 1826 –1890) nel trentesimo capitolo del romanzo Pinocchio. "A Pinocchio che gli chiede dove sarebbe andato, Lucignolo risponde che andava ad abitare nel più bel paese del mondo che si chiama il Paese dei balocchi e aggiunge che è …una vera cuccagna!"

like alla propria opinione affidata ad un post su qualche social network, cercando di inventarsi pateticamente, con un selfie ritoccato ad hoc, una vita diversa da quella che si è costretti a vivere.

Tuttavia, arriva ineluttabile il momento di raccogliere ciò che si è desiderato e ciò può avvenire solo di persona, sulla strada.

Perché è sulla strada, dal vivo e non al sicuro dietro la tastiera di un computer, che avviene lo scambio reale, la violenza, lo stupro, lo spaccio di sostanze proibite.

Ed è sempre sulla strada, quando si percepisce davvero il peso dei pericoli alla propria incolumità fisica, è sulla strada che si avverte il bisogno del rispetto e della protezione, quando per andare a scuola o all'Internet Cafè più vicino bisogna procedere tra muri di sguardi ostili, dovendo perfino chiedere il permesso.

È sulla strada che si avverte il bisogno di far parte di un gruppo, perché per essere qualcuno devi sentirti parte di qualcosa, ed a quel punto diventa importante riuscire a capire se il gruppo che si è scelto non stia per trasformarsi in un branco di lupi, perché in tal caso sarà molto difficile riuscire ad uscirne indenni.

E poco può influire il sistema correttivo del carcere, al cui interno si ripropongono gli stessi schemi già osservati nella strada, con l'aggravante della commistione dei criminali comuni con esponenti della malavita organizzata e del terrorismo internazionale, in un crogiuolo di interessi disparati accomunati solo dalla propensione al malaffare e alla violenza.

In uno scenario siffatto, diventa perciò imprescindibile lo sviluppo dell'osservazione dei fenomeni di aggregazione giovanile che nascono per la strada, allo scopo di intercettare anche i più piccoli segnali, indicatori di una deviazione dalla retta via, prima che sia troppo tardi per intervenire.

Sprechiamo l'intera nostra esistenza nella pretesa ossessiva di riuscire a suddividere i nostri consimili in buoni e cattivi.

In realtà nessun buono è completamente buono e nessun cattivo è completamente cattivo. Quello che c'è di più vero è che sicuramente non c'è cattivo più cattivo di un buono che diventa cattivo.

Red Fox

CAPITOLO UNO

GLI INVISIBILI

Da anni molti anni negli Stati Uniti d'America le battaglie contro il crimine giovanile sono diventate delle priorità. Crimini che sono commessi essenzialmente per strada o che comunque si originano da gruppi che si accordano e creano alleanze nelle strade dei quartieri. Cercare di arginare questi fenomeni criminosi richiede sforzi e dispiego di energie non indifferenti. I maggiori indicatori arrivano dalle investigazioni e dai numeri delle statistiche: gli indici di povertà, la mancanza di un'occupazione stabile, il numero di clandestini e ancora i crimini predatori in aumento insieme ai traffici di droga, armi, traffici di esseri umani, crimini informatici e prostituzione anche on-line. Nella fitta rete di connessioni tra la strada e l'entità parallela del sistema informatico diventa sempre più difficile seguirne gli spostamenti e le evoluzioni. Capirne le cause e cercare di arginare il fenomeno attraverso l'analisi criminologica, sociologica e la prevenzione è un dovere nei confronti della comunità che percepisce un'insicurezza dettata maggiormente dalla criminalità diffusa e dal disordine creato per il mancato rispetto delle regole sociali, anche e soprattutto per la violenza inaspettata con cui si commettono certi crimini. I crimini giovanili e le affiliazioni alle Street Gang, sono in costante aumento, non solo negli USA, e si cerca di capire se la maggior parte di questi reati sono davvero commessi da giovani affiliati alle Street Gang o ci sono comunque giovani che commettono crimini e non sono affiliati a nessuna Gang. Non si conoscono, in effetti, le reali proporzioni dei reati commessi dalle Gang e se davvero la maggior parte di essi sono commessi da questi gruppi, ma al di là dei numeri bisogna effettivamente mettere in atto programmi di prevenzione, intervento e soppressione efficaci. Le Street Gang non sono però esclusive dell'America, lontane da esso, quando si sente parlare di violenza da parte di minori in una grande città la tipica reazione è quella di associare l'evento "probabilmente è legato ad una gang". Rispetto a molte altre parti del mondo, l'America ha una maggiore proliferazione di membri e mentre le condizioni sociali che creano bande e aiutano a reclutare membri della gang, come la povertà, i sistemi scolastici fallimentari e il razzismo sistemico giocano tutti un ruolo importante ruolo per la proliferazione delle bande di strada. Infatti, i recenti fatti di cronaca legati alle Baby Gang e ai reati commessi da giovanissimi soggetti, stanno facendo emergere in tutta la loro drammaticità realtà sottovalutate che si sono sviluppate nel silenzio e nell'ombra delle comunità di molte città anche europee e italiane.

La violenza sembra essere il fattore che focalizza l'attenzione sul fenomeno che purtroppo proprio nei riti d'iniziazione il dimostrare di essere capace, avviene attraverso atti di violenza.

Il Dipartimento di Giustizia americano (Office of Juvenile Justice and Delinquency Prevention - OJJDP) ha iniziato a sostenere un progetto di ricerca e sviluppo per ridurre e prevenire la violenza delle Street Gang. Tale progetto si rivolge a livello globale attraverso l'osservazione e l'analisi dei dati ottenuti a livello territoriale locale, concentrandosi principalmente sui giovani membri di età inferiore ai 22 anni, fascia di età a rischio di commettere reati gravi o crimini violenti.

Pur escludendo dal programma le OMG, le Prison Gang, le Supremacy Gang e i gruppi di ideologia come i Naziskin che comprendono principalmente gli adulti, non si può fare a meno di convogliare i minori, giunti in età adulta, alle Street Gang ben più organizzate[2].

L'attività delle gang è un problema importante in molte città, con

---

[2] Il modello creato dal OJJDP sostiene che la disorganizzazione sociale o la mancanza di integrazione nella comunità locale fornisce lo stimolo base per la formazione di bande giovanili. La mancanza di opportunità legittime e la presenza di alternative penali alternative sono più probabili a spiegare il carattere e l'ambito del comportamento delle gang (Spergel, 1995).

giovani affiliati legati a reti che da una città all'altra, da uno Stato all'altro, che trafficano in droga e persone, solo per citarne i più comuni.

Sicuramente il fenomeno giovanile della Street Gang è la punta dell'iceberg di un sistema sociale locale fallimentare o malato che include fattori di rischio grave per la sicurezza del Paese. Spesso si osserva il problema senza avere la volontà di trovare soluzioni.

La risoluzione del problema è complicata perchè le Street Gang, che nella maggior parte sono nate per rafforzare la solidarietà etnica e razziale, si differenziano anche nella stessa città. Le bande, anche quando hanno gli stessi nomi, sono diverse da città e città e utilizzano un mix di culture e simboli diversi per ognuna di esse.

Proprio da queste solidarietà etniche e razziali parte questo viaggio attraverso le Street Gang Americane affinchè si possa trarre uno spunto costruttivo per l'osservazione, l'analisi e la comprensione di dinamiche più ampie e globali quali il Crimine Organizzato ed il Terrorismo.

Nello scenario Americano le Street Gang moderne hanno un'origine legata alle migrazioni a cavallo tra il 1800 ed il 1900.[3]

In effetti, il termine "moderne" è legato essenzialmente alle loro caratteristiche: la violenza, la gravità dei crimini commessi, la capacità di spostarsi, il loro modo di comunicare, il tipo di reati commessi.[4]

---

[3] Le prime bande attive nella civiltà occidentale furono riportate da Pike nel 1873, un cronista ampiamente rispettato del crimine britannico. Ha documentato l'esistenza di bande di ladri di autostrade in Inghilterra nel corso del 17° secolo, e ipotizza che bande simili potrebbero essere esistite nella nostra madrepatria molto prima, forse già nel XIV o nel XII secolo. Non sembra che queste bande avessero le caratteristiche delle gang di strada moderne e serie. Le gang più strutturate non apparvero fino agli inizi del 1600, quando Londra fu "terrorizzata da una serie di bande organizzate che si chiamavano Mims, Hectors, Bugles, Dead Boys ... che trovavano divertimento nello spaccare finestre e demolire taverne, e combattevano anche combattimenti tra di loro vestiti con nastri colorati per distinguere le diverse fazioni "(Pearson, 1983).

[4] Le bande di strada serie sono tipicamente caratterizzate da una storia di più anni, aventi un ampio numero di membri (variano ampiamente), essendo in qualche modo organizzati (avendo una sorta di gerarchia e ruoli di leadership) e coinvolti in crimini violenti nel corso della presenza stradale (ad esempio, omicidi, aggressioni aggressive, rapina, uso di armi da fuoco) (Howell, 1999, 2006).

L'Ufficio del Censimento degli USA designa quattro grandi regioni: Midwest, Nordest, Sud e Ovest per definire l'ubicazione e le caratteristiche delle Gang.

La comparsa di Gang nel Nordest e nel Midwest è stata alimentata dall'immigrazione e dalla povertà, in primo luogo da due ondate di famiglie povere, in gran parte bianche dell'Europa. In cerca di una vita migliore, i primi gruppi immigrati si stabilirono principalmente nelle aree urbane e formavano comunità per unirsi all'altro nella lotta economica. Purtroppo, avevano poche abilità lavorative essendo essenzialmente contadini. Le difficoltà nel trovare lavoro e l'adattamento al nuovo luogo in cui vivere e soprattutto adattamento alla vita urbana erano problematiche comuni tra gli immigrati europei. I nativi americani e i nativi Anglosassoni li presero di mira discriminandoli e minacciandoli. Il conflitto era perciò inevitabile e le Gang iniziarono a svilupparsi in tali ambienti.[5]

Seppure la cinematografia e la cronaca collochino le aggregazioni di strada più famose a Los Angeles a ridosso degli anni '70 - '80 dello scorso secolo, la città non risulta essere quella originaria.

Al contrario, sembra essere New York il punto di partenza, luogo in cui tra 1892 e il 1924 arrivarono circa 18 milioni di persone.

Fu quello il fenomeno più imponente di migrazione. E il 1892 fu l'anno in cui si cominciò a tenere il conto della gente che arrivava dall'Europa.

Prima di allora ogni migrazione era controllata indipendentemente da ogni singolo stato dell'unione e i motivi che spinsero a partire furono diversi, ma quello comune fu di cercar fortuna in una terra che aveva immense risorse.[6]

---

[5] La storia delle bande di strada negli Stati Uniti inizia con la loro comparsa sulla costa orientale intorno al 1783, quando la rivoluzione americana finì (Sante, 1991). Ma c'è una considerevole giustificazione per mettere in discussione la serietà di queste prime gang. Le migliori prove disponibili suggeriscono che le bande di strada più serie probabilmente non sono emerse fino alla prima parte del diciannovesimo secolo (Sante, 1991).

[6] La prima ondata migratoria verso gli USA 1815-1890 venne soprattutto dall'Europa settentrionale, e fu quindi costituita da inglesi, scozzesi, scandinavi e tedeschi. Questi emigranti volevano innanzi tutto rifarsi una vita (o costruirne una migliore) approfittando della straordinaria abbondanza di terra che offrivano gli Stati Uniti, ed erano attratti dal basso prezzo delle terre messe in vendita dal

New York ed il suo porto furono la prima tappa negli Stati Uniti per chi arrivava ed i flussi, sempre più crescenti, di migranti si riversarono prima a Castel Garden[7] poi a Ellis Island.[8]

Prima del 1892 il flusso di arrivi che comprese gli Irlandesi si classificò in due momenti salienti.

Il primo tra il 1820 e il 1840 anni in cui il Governo Britannico cercò di convogliare la mano d'opera verso il Canada. Molti Irlandesi si ritrovarono a raggiungere, a volte anche a piedi dal confine, New York e Boston, spinti dalle opportunità note di lavoro.

Il secondo tra il 1845 e il 1848 una malattia distrusse per tre anni di seguito i raccolti di patate che fece più di un milione vittime per denutrizione. Le autorità britanniche rifiutarono ogni intervento di sostegno alla popolazione[9] ci fu un vero e proprio esodo di circa 780.000 persone.

L'ondata successiva di migrazione di massa dall'Europa si evidenzia tra il 1890 e il 1914 quando furono soprattutto gli italiani delle regioni meridionali del nuovo Stato, i polacchi e gli ebrei.

Per ognuna delle etnie che caratterizzarono tali flussi migratori, fu rilevante il numero di donne che arrivarono sulle navi provenienti dall'Europa. Donne sole, giovani povere e in cerca di fortuna, completamente analfabete che alimentarono il mercato della prostituzione e dei borseggi. Non da meno il numero di uomini

---

governo. In effetti, una legge federale denominata Homestead Act, del 1862, concedeva appezzamenti di 160 acri, a prezzo accessibile, a chiunque si fosse impegnato a insediarsi in un'area per almeno cinque anni e ad apportare delle migliorie al proprio podere. Oltre al denaro, gli unici requisiti giuridici richiesti erano i seguenti: avere almeno 21 anni, essere capofamiglia, essere cittadino degli Stati Uniti o aver fatto richiesta di diventarlo.

[7] E' un ex forte circolare situato a Battery Park, nella parte meridionale dell'isola di Manhattan, oggi monumento nazionale degli Stati Uniti d'America. Eretto nel 1807 al fine di proteggere Manhattan dagli attacchi provenienti dal mare. Dopo che furono denunciati svariati e gravi episodi di furto ed estorsione di denaro da parte delle guardie, nei confronti degli stranieri i migranti dal 1892 furono accolti a Ellis Island.

[8] Che però era troppo piccola. Per questa ragione fu artificialmente ampliata dai 12.000 m² originali ai 110.000 m² attuali per ospitare tutti gli edifici necessari.

[9] Furono protetti gli interessi dei grandi proprietari, che avevano sfrattato subito dai poderi tutti i contadini impossibilitati a pagare l'affitto, per convertire le terre in pascoli, in modo da soddisfare la richiesta di carni proveniente dall'Inghilterra.

giovani, forti e carichi di energie che contribuirono a formare la manovalanza necessaria a costruire un Paese in vie di espansione.

Tutto questo riversarsi in massa in un Paese anche impreparato ad accoglierli, nella terra della libertà e delle opportunità in cui si deve lottare per emergere per non essere sopraffatto, c'era povertà, criminalità dilagante, decadenza e disperazione. È vero. Il quartiere era un cancro geografico, un posto lurido pieno di case diroccate e invivibili, affollato da bande dedite alle estorsioni, al servizio di politici corrotti, taverne in cui prostituzione, alcool e gioco d'azzardo erano le attività principali. Questo era un luogo in cui ogni sorta di crimine fiorì, un posto in cui gli abitanti erano terrorizzati e regnava lo squallore. La moltitudine di persone che si accatastò nei fatiscenti e super affollati "Tenements", senza nessun controllo sanitario, nessun tipo di formazione scolastica, senza conoscere la lingua, si ritrovò a destreggiarsi in situazioni caratterizzate di espedienti spesso pericolosi e nella maggior parte dei casi fuori legge.

Molti di loro purtroppo erano fuggiti dal paese di origine perché ricercati per reati commessi o semplicemente fuggiti per non diventarlo.[10] Per molti di loro, purtroppo, l'abitudine al delinquere divenne un comune modo di sopravvivere in una città dove si doveva lottare per conquistare anche un'identità.

In quel periodo New York City fu scossa da un'epidemia di violenza delle gang. Il crimine era particolarmente dilagante nei quartieri di Manhattan come Five Points, Hell's Kitchen, Fourth Ward e la Bowery Street, dove vicoli e le case popolari vennero infestati da ladri, prostitute e teppisti di strada. Questi gruppi trafficavano qualsiasi cosa, i crimini passavano dalla rapina, l'estorsione, la prostituzione all'omicidio.

Ed erano tipiche le forme di violenza in momenti che magari avrebbero dovuto essere solamente celebrativi.

Spesso durante le manifestazioni per una festa nel quartiere era normale che scoppiasse una rissa tra fazioni di diverse etnie, etichettate come Gang.

Gruppi di irlandesi contro gli italiani o ebrei o afro-americani per

---

[10] Either Brigands or Emigrants – R. Del Zio 2006.

celebrare il proprio dominio sul territorio, il potere sulla gang rivale. C'era sempre un movimento minaccioso che serpeggiava in città, che terrorizzava la gente in un luogo già di per sé difficile da vivere perché caratterizzato da una palude puzzolente, fogne a cielo aperto e gente altrettanto incivile che ci viveva senza avere volontà e risorse per cambiarlo.

Gruppi di giovani che usualmente avevano come punto di riferimento un incrocio dell'East Side chiamato The Five Points nel "Dannato Sesto Distretto", dove c'era il più alto tasso di criminalità di qualsiasi quartiere dei bassifondi del mondo. Era nota la sua pericolosità; soprattutto di notte in cui aggressioni e rapine erano alla ribalta della cronaca luogo in cui iniziarono a lottare per il controllo del denaro derivante da attività illecite, ma anche il luogo in cui la gang dei Nativi, per intenderci quella famosa comandata da "Bill the Butcher" – il macellaio - minacciava e assaliva violentemente le altre gang di etnie forestiere.[11] Qui si incrociavano le 5 vie ed in quel punto e le sfide iniziavano spesso senza un motivo particolare se non quello intrinseco della supremazia etnica e territoriale.

La città pullulava di saloons, The Old Brewery, la Vecchia Birreria, era quello più famoso anche per il numero degli omicidi di cui era protagonista, che crescevano come funghi nella zona e che erano il centro di attrazione di ubriachi, prostitute e giocatori d'azzardo. Di solito il saloon aveva una sala con un bancone e una parete mobile dietro la quale gli avventori si incontravano con le prostitute e spesso rimanevano vittime di borseggio quando lasciavano i pantaloni appesi ad una sedia. Era consuetudine quindi attribuire attività illegali legate a quel territorio all'una o all'altra Street Gang. Attività per le quali ogni affiliato lottava per mantenere l'onore della Gang.

Tra le street gang più importanti quella dei Forty Thieves, i 40 Ladroni, la prima street gang formatasi a New York nel 1825 il cui

---

[11] Five Points derivava dai cinque angoli del crocicchio principale delle vie Anthony (oggi Worth Street), Cross (oggi Mosco Street) e Orange (oggi Baxter Street). Al giorno d'oggi i Five Points corrisponderebbero ad una zona situata a metà strada tra Chinatown e il Distretto finanziario, circa all'incrocio tra Baxter Street e Worth Street.

fondatore D.J. Granville ed i suoi affiliati erano Irlandesi[12] I membri dei Forty Thieves dovevano necessariamente rubare una certa quantità di merci ogni giorno per non rischiare l'espulsione. Una curiosità di questa gang è che fu la prima a istituire una sorta di "franchising", chiamandolo Forty Little Thieves - Quaranta Piccoli Ladri, che raccoglieva apprendisti minorenni che fungevano loro da borseggiatori e vedette.

Una delle bande più ricordate e raccontate di New York fu quella The Bowery Boys, fondata da Mike Walsh, un gruppo di Nativi teppisti di Lower Manhattan anti cattolici, anti irlandesi che si scontrarono spesso con loro e con le altre gang dei Five Points. A differenza di alcuni loro colleghi criminali, la maggior parte dei Bowery Boys erano vestiti con abiti eleganti e lavoravano regolarmente nelle stamperie dei giornali come stampatori o facevano i meccanici, commercianti ed apprendisti. Quando non erano sul posto di lavoro, questi giovani teppisti infestavano i vicoli della Bowery ed erano spesso impegnati in sanguinose guerre di territorio con bande rivali, come i Dead Rabbits.

E poi la famosa gang dei Dead Rabbits, I Conigli Morti, irlandesi, fu una delle più temute a emergere da Five Points. Nel corso degli anni '50, i Dead Rabbits eccellevano in rapine, borseggi e risse, in particolare con i loro nemici giurati, i Bowery Boys. Il gruppo era composto in gran parte di giovani, ma non era escluso per le donne unirsi alla violenza. Secondo la leggenda, uno dei Dead Rabbits più temuti membri era proprio una donna "Hell-Cat Maggie," che aveva denti appuntiti e indossava unghie di ottone in battaglia. Anche se i Dead Rabbits erano dediti principalmente alla microcriminalità, divennero famosi per gli eventi del 4 luglio 1857, quando uno dei loro combattimenti di strada con la gang dei Bowery Boys si trasformò in una sanguinosa rivolta che fece moltissime vittime.

Le attività delle gang di New York non erano limitate alle strade di Manhattan, si estendevano anche nelle acque dell'East River. I Daybreak erano uno degli equipaggi più spietati tra i "pirati del fiume" che depredavano il settore del trasporto marittimo in forte espansione della città durante la fine degli anni 1840 e 1850. Come

---

[12] Gangland New York - Anthony M. DeStefano 2017.

suggerisce il nome, il Daybreakers, i cui leaders erano un certo Sam McCarthy detto Cow Legged, zampa di mucca, e Jim Slobbery, preferivano colpire nelle prime ore dell'alba. Utilizzavano piccole barche a remi e remando silenziosamente arrivavano alle navi da trasporto ancorate. Poi salivano furtivamente a bordo rubavano quanto più potevano le merci a bordo che erano trasbordate sulle loro piccole barche a remi e fatte e fuggivano fino ad arrivare in un punto d'incontro in un mulino del Fourth Ward.

Per diventare membri bisognava dimostrare di aver già ucciso almeno una volta prima di unirsi al gruppo, e si dice che questi ragazzi erano presumibilmente responsabili in media di oltre il 30 omicidi a testa poiché nella maggior parte delle loro rapine qualcuno sfortunato finiva con la gola tagliata o il cranio fratturato.

E infine gli immigranti italiani criminali come Paolo Antonio Vaccarelli, conosciuto anche come Paul Kelly, formarono la cosiddetta "Italian Five Points Gang". Questo gruppo sarebbe diventato la più importante Street Gang della storia americana e avrebbe cambiato il modo di operare della malavita in America introducendosi nel mondo del Crimine Organizzato chiamato Mafia in cui confluirono le attività della Gang ed i giovani come Lucky Luciano, Johnny Torrio e al Capone.

Nel Crimine Organizzato Italiano convogliarono come alleati e soci gli ebrei come Bugsy Siegel, il Folle, Mayer Lunsky e Dutch Schultz che furono in grado di creare un impero economico fondato sull'illegalità senza precedenti.[1314]

---

[13] Anni dopo, nel 1919, ricercato dalle autorità in connessione con un omicidio avvenuto a New York in un territorio di una gang, Al "Scarface" Capone si trasferì a Chicago quando Torrio aveva bisogno della sua assistenza nel mantenimento del controllo dei territori di massa di Chicago. "Al Capone divenne finalmente il gangster più violento e prolifico di Chicago, se non ... gli Stati Uniti, che l'esecuzione delle forze ha mai sperimentato" (Savelli, 2001, p. 1).

[14] Foto Lucky Luciano, nato Salvatore Lucania e che nel corso della sua carriera criminale, tra un trasferimento e l'altro cambiò diversi alias: Charles Lucania; Charles Luciano; Charlie Lucky Luciano; Charles Ross.

Vale la pena porre l'accento che degli Stati Uniti sulla costa del Pacifico i flussi migratori riguardarono soprattutto i cinesi. Tra la fine degli anni 40 e il 1870, la popolazione cinese del solo Stato della California raggiunse la cifra di oltre 70.000 persone, più di metà delle quali vivevano a S. Francisco.

Furono reclutati come operai nella costruzione delle ferrovie per la Central Pacific, ma ben presto furono abili a iniziare attività locali grazie ai traffici con il paese di origine.

Impiegarono le donne non solo nelle lavanderie, ma anche nel giro della prostituzione all'interno delle botteghe, dove si giocava d'azzardo e si fumava oppio.[15]

Il più potente immigrato cinese di quel tempo fu Tom Lee arrivato in America quando aveva 14 anni. Era stato inviato a New York dalle Six Companies, il supremo organo di governo della Chinatown di San Francisco nato come società di mutuo soccorso per gli immigrati cinesi.[16]

A capo della On Leong Tong[17], un misto tra una confraternita, un sindacato per gli immigrati cinesi e circolo

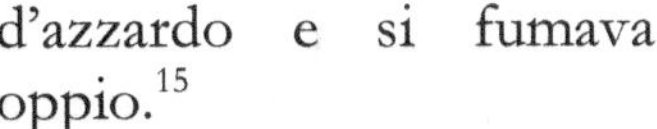

---

[15]In ogni Chinatown era possibile trovare almeno una stanza adibita al consumo dell'oppio. Bastava allestire un certo numero di brandine e di pipe da oppio. I rifornimenti avvenivano attraverso decine di corrieri cinesi che trasportavano l'oppio fin dalla lontana Cina. Moltissimi cinesi consumavano oppio e la distribuzione tra gli anglo-americani fu molto semplice, anche grazie alla funzione antidolorifica dell'oppio e di alcuni suoi derivati.

[16] Secondo Luc Sante - C'era una volta New York 2003 - nel 1958 un certo Ah Ken che si stabilì a Mott Street ed aprì un negozio di sigari a Park Row ed un altro che si ipotizza si fosse stabilito sempre a Mott Street già nel 1822 con una drogheria – Gangland New York - Anthony M. DeStefano 2017.

[17]Nome originario Loon Yee Tong.

massonico, iniziò a gestire gli introiti delle molte sale da gioco, delle stanze di oppio e dei bordelli che avevano reso Chinatown un richiamo importante non solo per gli altri immigrati cinesi, ma anche per i bianchi newyorkesi.

In contrapposizione alla sua Tong che aveva protezione della polizia di New York, si insediò la Tong Hip Sing Syndicate di San Francisco il Procuratore Distrettuale con a capo Mock Duck.

Tra le due gang, in altre parole tra i loro due capi rivali si scatenò una sanguinosa guerra per le strade di Chinatown New York.

Le Tongs divennero numerose alla fine del 1800 a New York e per il controllo del territorio e delle attività illegali che gestivano in contrapposizione a quelle delle Gang di altre etnie. I cinesi che erano chiamati tagliatori di carne, armati di machete, giravano per le strade terrorizzan do i rivali e torturandol i e diedero vita ad una guerra tra gang brutale e sanguinaria che lasciò decine di vittime a Chinatown prima

ancora della sanguinosa guerra di Mafia ad opera delle Street Gang Italiane che vi convogliarono.

I giovani immigrati arrivati a New York si trovarono ad affrontare povertà familiare e discriminazione etnica e sociale, ma nonostante tutto le idee ambiziose non mancavano.

Al contrario, il desiderio di realizzarsi socialmente attraverso l'arricchimento personale, spinse molti di loro ad essere intraprendenti legandosi purtroppo in affari illeciti. Questo perché le paghe erano così basse da non permettere loro di risparmiare per acquistare un locale e aprire un'attività regolare per conto proprio. Fare parte di giri di affari illegali divenne l'attività principale. Certo gli affari illeciti erano essenzialmente opera di gruppi e l'aggregazione dava loro la forza per poter organizzare ogni tipo di reato che andava dal semplice furto, all'estorsione, il gioco d'azzardo e la prostituzione fino ad arrivare al contrabbando e al traffico di sostanze stupefacenti e non per ultimo l'omicidio.

Era la strada il punto d'incontro. La fratellanza dei giovani che crescevano nella stessa situazione sociale era il collante.[18]

La famiglia era praticamente inesistente. Incapace di poter mantenere una prole a volte troppo numerosa, i ragazzini lasciavano il tetto familiare anche a 6-7 anni. Non c'era un'infanzia da vivere, bisognava diventare adulti per forza. Badare a se stessi imparando da soli tra scontri, sconfitte e alleanze a sopravvivere in quella giungla

di "Bambini Soli" che aveva più o meno le stesse aspettative.

Si parlava di circa 40 mila bambini "non accompagnati", orfani loro malgrado, figli di genitori non propriamente morti.

Erano soli per strada. Erano mendicanti o delinquenti o schiavizzati da qualcuno.

In questo scenario molto disordinato, socialmente distrutto dalle realtà familiari inesistenti, la città si ritrovò a dover badare ad un esercito di ragazzini che dormivano dove capitavano, altrettanto mangiavano rubando nei mercati ed erano praticamente introvabili. Erano invisibili alla società, ma erano attivi.

La Gang divenne la cellula in cui vivere, l'organizzazione, seppur molto semplice, che gestiva le attività dei suoi adepti: qualcuno

---

[18] Foto: il Tenement al 9 di Pell Street, incrocio di Pell e Doyers.

rubava nei mercati, un altro suonava per strada qualche strumento in cambio di qualche centesimo, le bambine sfilavano portafogli e orologi a sventurati avventori di qualche piazza. I più grandi, si fa per dire, erano i capi ed erano poco meno che adolescenti che comandavano i più piccoli emulando le gesta dei gangster e le loro attività criminali.

Così i ragazzi affiliati alle Street Gang divennero meccanismi di un ingranaggio ripetitivo in cui lottavano per la sopravvivenza personale, del loro gruppo, i quali trovavano ad aspettarli gruppi sociali detentori del potere e della ricchezza sia legali che illegali, pronti per lo più a sfruttarli perché erano considerati "merce difettosa" della società. Un marchio che li aveva condannati a una giustificata forza lavoro ridotta in schiavitù.

CAPITOLO DUE

DEFINIZIONE E CARATTERISTICHE DELLE STREET GANG

Le Street Gang si sono evolute nel corso degli ultimi 150 anni, sono diventate numerose, hanno caratteristiche diverse, hanno modificato la loro presenza sul territorio migrando da una città all'altra, da uno stato all'altro fino a diventare migranti transnazionali. Hanno come base la "strada" e il quartiere dove di solito si aggregano e lo fanno di solito senza dipendere da un'organizzazione più strutturata ed economicamente dominante, si aggregano semplicemente con uno scopo comune di solito per divertimento, per praticare uno sport insieme o per condividere un hobby.

Il Dipartimento di Giustizia Americano ha dato una definizione ben precisa: «Un'associazione di tre o più individui i cui membri collettivamente si identificano adottando un'identità di gruppo, che usano per creare un'atmosfera di paura o intimidazione. Sono nate per rafforzare la solidarietà etnica e razziale.»[19]

La domanda lecita è: giusto pensare che l'aggregazione ad una Gang necessariamente precluda l'azione criminale? Può una Gang formata da ragazzi molto giovani avere come scopo comune commettere crimini?

---

[19] Miller, W.B. 1992 (Revised from 1982). Crime by Youth Gang and Groups in the United States. Washington, DC: U.S. Department of Justice, Office of Justice Programs, Office of Juvenile Justice and Delinquency Prevention.

Quando all'interno della banda si crea un'organizzazione con il riconoscimento di un leader di solito gli scopi comuni riguardano anche le attività illegali, definisce il DOJ e se i componenti hanno un'età più bassa dei 10 anni vengono identificate come "Baby gang". Bisogna sottolineare che la denominazione "Street Gang" è comunemente usata in maniera intercambiabile con "Bande giovanili". "Strada" si riferisce al quartiere o alla strada che fungono da base per i gruppi mentre "giovanili" si riferisce all'età media dei componenti di questi gruppi, di solito molto bassa rispetto a quella di altri tipi di organizzazioni criminali.

Dove i ragazzi si aggregano alle Gang:

- nelle strade dei quartieri poveri, spesso aderire a una Gang significa eliminare la frustrazione dell'appartenenza ad un basso tessuto sociale
- nelle comunità in cui i giovani non hanno opportunità sociali, alcune si focalizzano su rapine e furti o sull'immediato profitto economico, altre sulla lotta e sul conflitto ideologico, altre ancora si concentrano sull'assunzione di droga
- nelle comunità in cui esistono discriminazioni razziali la condizione dell'essere emarginati, alienati o respinti rende alcuni gruppi sociali più esposti a questo tipo di attività criminale

Oltre al bisogno di aggregazione per divertimento, una grande motivazione è la "Ricerca di un'Identità" che spesso viene negata in ambiti familiari disagiati, in cui il ruolo tradizionale svolto dalla famiglia o non esiste o si è sgretolato per ragioni diverse (orfani, abbandonati, figli di detenuti, etc). Di conseguenza la ricerca di protezione all'interno del gruppo che spesso rappresenta un modo per non subire il disagio di un'esistenza difficile e senza prospettive. E lo stesso vale all'interno delle comunità discriminate o svantaggiate. Il giovane che per i motivi che abbiamo visto si aggrega al gruppo lo farà anche per allenarsi a diventare egli stesso un leader. [20]

Perché i giovani entrano nelle Street Gang?

Ci sono dei fattori che "spingono" o"tirano" e che influenzano i ragazzi ad entrare in una Gang ed altri che i ragazzi nella Gang.[21]
Possono essere "spinti" verso la Gang a causa di fattori esterni negativi, barriere e condizioni nel loro ambiente sociale come la povertà, i problemi familiari e la mancanza di successo nella scuola. Allo stesso tempo, possono anche essere "tirati" nella Gang perché offre vantaggi reali come la sicurezza, la protezione, l'amore e il sostegno, l'eccitazione, le opportunità finanziarie e un senso di appartenenza che a volte manca in famiglia o a scuola.
Il termine "Show me Love" rende l'idea di come il disagio all'interno della famiglia o della scuola rende vulnerabili e facilmente propensi ad affiliarsi ad una Street Gang, come già citato in precedenza. Un giovane che non è accettato dai suoi coetanei tende a cercare la compagnia in questi gruppi che gli forniscono un senso di appartenenza e capaci di riempire il "vuoto" nella sua vita.
La struttura della banda riempie questo "vuoto" nelle loro vite e le "OG", gangster originali, e gli affiliati più anziani sono modelli di ruolo agli occhi dei giovani.
Alcuni giovani si affiliano perché cercano la protezione di una gang. Chi è costretto a vivere in zone saturate dalle bande di strada molte volte percepisce che l'unica protezione è quella di unirsi al gruppo che sostiene la loro area, o di contro sente che può diventare preda delle bande al di fuori delle loro "barrio", quartiere[22].
Una volta uniti alla Gang i giovani stabiliscono il loro status, la loro identità. Una volta parte di una banda, l'individuo può beneficiare della reputazione del gruppo come Gang. Molti dei giovani sono alla ricerca d'identità e di riconoscimento, che altrimenti non trovano nel sub-strato culturale in cui vivono.

---

[20] Soprattutto nelle gang di Latinos il mito del "machismo" diventa un modello da seguire per dimostrare la mascolinità attraverso la violenza - Theidon 2007.
[21] Decker and Van Winkle, 1996.
[22] Fonte American Street Gang blog.

Sia chiaro che entrare a far parte di una Gang non è reato. Lo diventa nel momento in cui si supporta il gruppo che ha come finalità il delinquere con o senza violenza.

L'opportunità di lucro è un altro dei fattori che motivano i giovani ad aderire ad una Gang.

Produzione di droghe, distribuzione e vendita sono uno strumento molto comune di fare soldi.[23]

Anche l'emulazione e la glorificazione delle azioni criminali delle Gang diventate famose grazie anche ai numerosi film o attraverso la musica "Rap" delle Black Gang sono motivi forse più "sfortunati" di entrare in una Gang.

Infatti, numerosi artisti musicali e attori legati ad una Gang esprimono lo stile di vita proprio del gangster e glorificano la violenza attraverso la loro musica e nei ruoli del cinema.

L'hip-hop e il rap sono l'espressione dell'ideologia urbana e sono diventati la "tradizione" nel linguaggio delle gang e la loro influenza raggiunge tutte le razze di giovani in tutto il paese. Tuttavia, molti di questi giovani non si rendono conto delle conseguenze distruttive e negative connesse con gang-banging [24] fino a quando è troppo tardi.

Affiliarsi ad una Gang richiede un periodo di "prova" od "osservazione" e segue dei riti di iniziazione. Questi ultimi variano da gang a gang.

La procedura di aggregazione ad una Street Gang si suddivide in tre fasi:

- fase 1 periodo di prova: l'aspirante membro viene osservato dalla Gang
- fase 2 rito di iniziazione: la prova consiste in uno scontro fisico per capire quanto resiste o veri e propri riti nei quali il potenziale affiliato deve dimostrare di avere "cuore" e di difendere la Gang

---

[23] Anche l'intimidazione e l'estorsione insieme con i crimini di strada come il furto, furto con scasso, rapina a mano armata, aggressione con armi e omicidio sono reati attribuiti agli affiliati delle Gang.

[24] E' un membro di una Street gang violento.

> - fase 3 reputazione: in questa fase occorre distinguersi e quindi crearsi la reputazione, ovviamente attraverso attività criminali

L'affiliazione significa fare un "salto" in un mondo a parte dove le regole della società civile non vengono rispettate e ciò implica il rito di iniziazione. Spesso la prova consiste in uno scontro fisico e capire quanto tempo può durare. Bisogna dimostrare di avere "cuore" per diventare un affiliato della Gang e se si può diventare un socio idoneo.

Una volta che il potenziale socio è ufficialmente entrato nel gruppo, lui o lei deve lottare per se stesso e per la banda, se non si è rispettati da qualsiasi altra banda e suo componente rivale.

Spesso proprio il "mancato di rispetto", reale o percepito, da' inizio a scontri tra bande, e la violenza delle gang nascono da questioni associate a qualcuno che viene mancato di rispetto.

Il principio delle gang è quello del "step up"[25], cioè essere un leader ed aiutare gli altri quindi in una situazione di offesa e mancanza di rispetto l'affiliato deve difendere questo principio. E questo vale anche nei confronti delle forze dell'ordine. Purtroppo all'interno delle gang la "Pack mentality"[26] è prevalente.

Per ogni nuovo affiliato alla Gang è importante stabilire una propria reputazione.

Un affiliato di banda deve convalidare se stesso agli occhi dei suoi coetanei. Gli altri Affiliati alla Gang sono in grado di stabilire la sua reputazione con la "messa in opera" per la Gang cioè attraverso l'attività criminale. Agendo in modo "loco", pazzo, o essere fisicamente particolarmente duro può migliorare la sua reputazione. Indicativo può essere una condanna per un reato, per la gang è visto anche come un "distintivo d'onore" tra i loro affiliati.

Le "tre R", "The Three Rs", della cultura delle bande sono: Reputation, Respect, e Retaliation - ritorsione. Gli Affiliati alla Gang

---

[25] "stepping up" "rafforzamento" significa: "essere un leader e aiutare gli altri.

[26] "pack mentality" letteralmente Comportamento della Mandria. La tendenza per i gruppi di individui di agire insieme senza direzione prevista. Il termine si riferisce al comportamento degli animali in mandrie, greggi, scuole, manifestazioni, rivolte e scioperi generali, eventi sportivi, raduni religiosi, episodi di violenza di massa e di tutti i giorni il processo decisionale, il giudizio e la formazione delle opinioni.

vivono di questi principi e vengono gestiti come un valore importante o norma all'interno dell'ambiente della stessa banda.

La Gang controlla il territorio attraverso la sua struttura organizzata alla quale ci si affilia seguendo rigide regole.

Gli affiliati, ai quali la Gang offre protezione, svolgono di attività per il controllo del territorio e la difesa del gruppo dalle minacce delle Gang rivali, operare attraverso attività criminali per la ricerca di risorse economiche.

Aggregarsi alla Street Gang significa dove essere pronto sempre a:

- Valorizzare e preservare il potere della Gang
- Sottolinearne la reputazione che le appartiene
- Garantire alla Gang le risorse economiche attraverso le azioni criminali

Oltre ai fattori di rischio sociali come per esempio l'appartenenza a comunità in cui i giovani si sentono insicuri o sono in difficoltà economiche, che spingono i giovani ad aggregarsi, ci sono fattori di rischio individuali quali:

- Comportamenti anti sociali
- Uso di alcol e droghe
- Problemi psichiatrici
- Eventi traumatici familiari
- Abitudini a commettere attività delinquenziali, anche a carattere familiare
- Problemi di rendimento a scuola
- Rifiuto da parte dei coetanei
- Vittime di violenza e abusi
- Esempio di un amico che è in una gang
- Divertimento
- Rispetto
- Denaro

Alcuni di questi fattori però possono in maniera inversa svilupparsi come "Nuovo Comportamento", una conseguenza dello stare nella

Gang, allinearsi ai suoi target dimostrando e diventando quello che a volte il ragazzo non è mai stato.

Per esempio molti ragazzi pur non essendolo in precedenza diventano dipendenti da droghe. Questo è un modo per renderli completamente dipendenti anche dalla Gang di appartenenza per la quale il ragazzo ha giurato fedeltà. E' una sorta di strategia per mantenere la fedeltà di chi è affiliato, come succede con le prostitute che spesso vengono avvicinate alla dipendenza delle droghe per poi non poterne più fare a meno rimanendo legate al "padrone".

Una ricerca avviata nel 1988 per studiare lo spaccio di droga in strada, in particolare il traffico di cocaina, da parte delle bande di strada della California, ha cercato di determinare in che modo i membri dei vari gruppi socializzino tra loro in rapporto al business del traffico di stupefacenti. Questa ricerca si è concentrata anche sulla possibilità che le Street Gang abbiano o meno strutture formali e gerarchie chiare in rapporto ai gruppi criminali tradizionali formati da individui con un'età media maggiore, e se esse siano razionali nel perseguimento dei loro obiettivi. Alcune Street Gang prese in esame avevano un certo grado di razionalità organizzativa tipico delle organizzazioni criminali tradizionali I membri si consideravano criminali organizzati e le bande costituivano organizzazioni formalmente razionali, con una struttura organizzativa forte e regole e ruoli ben definiti che indirizzavano il comportamento degli affiliati[27]. Tuttavia alcuni studiosi hanno osservato come alcune abbiano, rispetto alle organizzazioni criminali tradizionali, una struttura non bene amalgamata, sciolta e non ben definita, una coesione tra gli affiliati relativamente bassa, pochi obiettivi comuni e una struttura organizzativa carente. Allo stesso modo, l'uso della violenza non è conforme ai principi che stanno dietro al racket

---

[27] Skolnick, Gang Organization and Migration and Drugs, Gang, and Law Enforcement, National Youth Gang Information Ctr, 1993 - M Sanchez-Jankowski, Gang and Social Change in Theoretical Criminology, vol. 7, n 2, 1991 - M Sanchez-Jankowski, Ethnography, Inequality, and Crime in the Low-Income Community, Stanford University Press, 1995, pp.80–94 - M Sanchez-Jankowski, Islands in the street: gang and American urban society, University of California Press, 1991.

tradizionale, al tipo di intimidazioni e alle attività criminali portate avanti dai gruppi adulti.

Il reclutamento

Nel 2017 lo Statistic Brain Research[28] ha pubblicato dati relativi alle Street Gang negli Stati Uniti d'America. Secondo dati forniti dall'FBI si stimano in 1.150.000 membri, su circa 30.000 Street Gang distribuite sul territorio, suddivisi secondo le etnie Neri 31% Bianchi 13% Ispanici 47% Asiatici 7% e un 2% di altra provenienza etnica.

Ogni anno vengono reclutati nuovi membri che vanno ad alimentare la lunga lista di affiliati. Nel corso degli ultimi anni sono cambiati i luoghi di reclutamento mentre il modus operandi rimane per lo più lo stesso per ogni Gang.

Per il reclutamento le Gang si rivolgono a:

- le Scuole, che risultano il posto più facile per reclutare ragazzi giovanissimi facilmente plasmabili;
- le Prigioni che sono il posto migliore per reclutare le nuove generazioni di gangster soprattutto negli Istituti di Correzione Giovanile e nelle prigioni convincendo detenuti reclusi per motivi diversi dalla aggregazione ad una gang;
- le Chiese ed i ritrovi religiosi in generale. Questi luoghi sono pieni di ragazzini ed i loro genitori o familiari non pensano che in quei luoghi ci possano essere pericoli del genere;
- le Feste in generale dove ci sono aggregazioni di adolescenti che si fanno facilmente convincere a fare il "salto" nelle esperienze adulte;
- gli Eventi sportivi ed i luoghi di allenamento come palestre, stadi, ritrovi di atleti durante gare e manifestazioni. Di solito i ragazzi atleti hanno una maggiore propensione ad affiliarsi per una questione di ego e di supremazia dettati dalla innata competizione;

---

[28] http://www.statisticbrain.com/gang-statistics/

- i Centri Commerciali che sono diventati un ritrovo popolare sia per le gang che per i giovani non affiliati, rendendolo un posto perfetto per cercare nuovi membri.

Poi, rispetto al passato, per reclutare nuovi ragazzi ci si rivolge sempre più ai canali di Internet attraverso i Social Media più comuni. Per il reclutamento nelle carceri c'è da sottolineare che queste ultime si sono affollate sempre di più per leggi che dagli anni '80 del secolo scorso prevedono punizioni molto severe per reati non violenti soprattutto per i traffici di droga. Molte condanne sono state severe a tal punto che una grande percentuale di ragazzi, soprattutto di colore, continua a scontare anche l'ergastolo per aver spacciato. Il sistema carcerario insieme alle piattaforme Social risulta essere il luogo dove si recluta di più e con il maggior numero di affiliati.

Oltre i luoghi più comuni dove reclutare, sono importanti le tecniche. Non sempre i ragazzi che manifestano o hanno latente la volontà di affiliarsi a una Gang, o addirittura chi proprio non è ha mai avuto intenzione, sono disponibili a scendere a compromessi.

Ogni Gang utilizza tecniche di reclutamento abbastanza comuni in parte sofisticate per poter raggiungere i propri obiettivi. Sicuramente una Gang famosa, come può esserlo Bloods o Crips, rende "seducente" il reclutamento. Il mito di solito crea un ottimo motivo di affiliazione anche senza conoscerne le conseguenze che l'aggregazione impone. Così la promessa di denaro, sesso e fama sono le trappole più usate comunemente insieme al simbolismo che rappresenta la stessa Gang attraverso l'immagine che da di sé attraverso i tatuaggi, i graffiti, i simboli di comunicazione ed i colori. La seduzione attraverso l'immagine rappresenta il potere che l'affiliato acquisisce con la Gang che lo ha reclutato.

La maggior parte delle Gang di quartiere usa stratagemmi e bugie per convincere i ragazzi che non è una Gang, ma semplicemente un gruppo di amici che si riunisce per proteggersi da altri gruppi. In altri casi in cui i ragazzi vivono un disagio familiare raccontare loro di essere meglio della loro famiglia che non li ama, invece entrando nel club riceverà tutto l'amore di cui ha bisogno.

Anche il "sentirsi obbligati" risulta essere una tecnica efficace. Considerando l'età dei ragazzi fa leva il prestito di qualcosa con l'obbligo di restituzione anche sotto altra forma spesso protezione. Diventa un ricatto vero e proprio che talvolta parte proprio dalle ragazze.

Quando invece si manifesta una guerra tra bande con necessità di manifestare supremazia sul territorio o raccogliere denaro per l'acquisto di ingenti quantitativi di droga da trafficare, il reclutamento è forzato attraverso la coercizione. Vecchio metodo compiuto con minacce dirette al singolo individuo o a membri della famiglia, ma anche con scontri fisici molto violenti che molte volte causano la morte della vittima.

Molte volte sono gli stessi ragazzi che si auto-candidano per entrare a far parte di una Gang. Può essere per ottenere la fama legata alla Gang oppure per fattori di spinta di cui abbiamo già parlato. La gamma di ragioni per un giovane ad aggregarsi è molto ampia e non sempre significa che egli abbia aderito alla Gang volontariamente.

Rispetto e Reputazione

Il "rispetto" sembra il tema centrale.

- Il singolo: desidera di essere "rispettato" dai membri della Gang e dai non membri.

- La Gang: desidera di essere "rispettata" dai membri della Gang e da quelle rivali per costruire la sua reputazione.

Soprattutto la volontà del singolo di essere "rispettato" viene visto come un pericolo, poiché il singolo, pur di raggiungere il suo obiettivo, non si ferma davanti a nulla. In che modo? Ottenere "Rispetto" si guadagna mancando di rispetto a qualcun altro generando un vortice di soprusi e violenze gratuite che all'interno di un gruppo sviluppa un contagioso Modus Operandi a volte molto pericoloso. La violenza di un singolo gruppo poi si alimenterà della violenza del gruppo rivale portando quindi a raggiungere il "Rispetto" al singolo e la "Reputazione" alla Gang all'interno della comunità. Ecco perché comunque c'è la coesione tra giovani che hanno la stessa mentalità, pronti a soffrire ed a far soffrire i propri familiari ed amici, poiché quel "Rispetto" acquisito diventa "Reputazione" e conseguentemente l'"Identità" ricercata ed ottenuta ha in comune per gli affiliati il crimine e la violenza.

Riti di iniziazione

I riti di iniziazione di una Gang, che il potenziale affiliato sia reclutato con o senza la sua volontà attraverso minacce o raggiri, non sono facili da superare. Entrare a far parte di un gruppo da sempre richiede una dimostrazione attraverso un rito di passaggio, il "salto" di cui si parlava prima. Serve a testare la lealtà e la volontà di un ragazzo di rispettare il "codice etico" e le regole della Gang.
Non consiste in un'elementare dimostrazione di restare affezionato e fedele. E' qualcosa di serio i cui membri più anziani si aspettano che l'individuo compia grandi azioni o sopportare grandi sfide per guadagnare la membership a vita in quella Gang.
Il rito più comune e famoso è il "Beat Down" con cui per dimostrare di essere idoneo a far parte della Gang l'individuo viene picchiato da un soggetto o dal gruppo per un determinato periodo di tempo consecutivo, di solito qualche minuto. Di solito viene sbattuto a terra, ci saltano sopra a turno, picchiato violentemente sul viso con pugni, preso a calci senza esclusione di punti vitali. A volte i ragazzi rimangono uccisi o addirittura restano in vita con danni fisici e mentali permanenti. Sono riti di una tale barbarie che nei gruppi un po' più moderni ci si limita a dare solo qualche pugno nel petto e nello stomaco o calci sui reni e alle gambe con il solo obbligo di girare in pubblico dolorante dimostrando così di essere ancora in piedi nonostante tutto.
Una frase comune nella struttura sociale delle Gang è "Sangue col Sangue". Significa che il rito per entrare nella gang richiede "sangue" cioè un omicidio e il rito per uscirne richiede "sangue" cioè l'omicidio dell'affiliato. Di solito la vittima-bersaglio del rito è una persona che per strada cammina per caso, un vicino dell'affiliato o addirittura un poliziotto e il modo e l'arma deve essere improvvisato dal nuovo affiliato per raggiungere l'obiettivo e dimostrare di aver

superato la prova. In caso contrario si ritroverà in prigione da solo e senza nessun testimone in suo favore.

Invece di commettere un omicidio può succedere che il rito preveda il furto di qualcosa di prezioso. Tecnica conosciuta come "Jaked in" che letteralmente significa afferrare l'oggetto al volo e scappare. Una prova di abilità che tante volte è usata come diversivo durante un crimine per distrarre la polizia.

Per i candidati di sesso femminile il rito previsto implica l'imposizione di rapporti sessuali con più membri della gang o addirittura avere rapporti sessuali con qualcuno affetto da HIV o da altra malattia sessuale trasmissibile per dimostrare alla Gang di essere disposti a rinunciare alla sanità del proprio corpo per la Gang. Si chiama "Sexed in" poiché nessuno si permetterebbe di picchiare una ragazza in gruppo.

Altri comuni riti di "Put on" variano da Gang a Gang e possono prevedere tatuaggi riconoscitivi o ferite auto inflitte.

Una volta entrato nella Gang il giovane farà parte del sistema affollato ma mai colmo dei giovani delinquenti con le loro motivazioni personali e sociali che si manifesteranno con diverse categorie di reati che vano da quelli con la persona a quelli contro il patrimonio attraverso un Modus Operandi dettato dalla Gang.

La lista dei reati è lunga ma soprattutto la loro commissione nella maggior parte dei casi prevede la violenza in reati considerati tradizionali quali: furti, rapine, omicidi, sequestro di persona, gioco d'azzardo, omicidio su commissione, prostituzione, sfruttamento sessuale dei bambini, contrabbando, traffico di merci contraffatte, furto di spedizioni fra Stati, traffico e vendita di droga, estorsioni, incendi dolosi, corruzione, contraffazione, frode postale e frodi via internet, riciclaggio di denaro, ostruzione della giustizia.

L'età dei ragazzi va dai 12 ai 26 anni oltre i 26 si è considerati vecchi, ma anche per un fattore fisico. Tanto più il ragazzo è giovane quanto più alta sarà la "resa produttiva". Le caratteristiche fisiche sono importanti per esempio per commettere rapine ed essere in grado di scappare, allo stesso modo per reati in cui la prestanza fisica fa la differenza. I più "anziani" diventano i tutori delle nuove generazioni, ingrossano le fila, nell'evoluzione moderna, della parte Cyber delle Gang, o si inseriscono in organizzazioni criminali più strutturate in cui sono richieste le esperienze sul campo per costruire reti più fitte e remunerative di attività criminali.

Per quanto tempo l'affiliato rimane nella Gang?

Dipende da molti fattori, dal percorso criminale che si segue, dalla fedeltà dimostrata e dall'accettazione da parte del gruppo e infine, ma non ultima, la volontà di rimanere nel gruppo.[29]
Secondo alcuni studi condotti si è rilevato che di solito i ragazzi restano almeno per un anno o poco più perché spesso rimanere nella Gang significa avere una involuzione sociale poiché entrare nella Gang significa tagliare le connessioni sociali quali famiglia, scuola, amici, parrocchia.[30] Non si finisce di frequentare le scuole, non si riesce a trovare un lavoro, spesso i familiari non accettano più il giovane nella cerchia isolandolo, la dipendenza da droghe aumenta il rischio di allontanamento sociale, o ancora l'incarcerazione rende vulnerabile la volontà di condividere le attività legate alla Gang che inizialmente avevano spinto il giovane ad aderire. Il percorso di uscita è molto difficile per gli individui che hanno trascorso molto tempo all'interno della Gang. L'immagine di sé rimane legata alla Gang a vita come un marchio indelebile. I ragazzi che si affiliano sanno molto bene a che tipo di sofferenze sono soggetti: violenze, danni fisici, minacce da altri affiliati, arresti e ogni tipo di distacco familiare. Anche chi invece decide di intraprendere il percorso di uscita sa che è lungo e doloroso e per questa ragione sono state riconosciute delle agenzie ad hoc che aiutano i ragazzi a iniziare un percorso di uscita.
Il primo passo è di far comprendere al ragazzo che deve iniziare un percorso di vita con abitudini diverse. Non sarà più la strada il luogo in cui crescere e farsi conoscere attraverso le azioni criminali. Slegare i ragazzi dall'identità della Gang è molto lungo e comprende inizialmente il reinserimento nell'ambito scolastico, la rimozione dei tatuaggi, la disintossicazione da droghe, il riavvicinamento alla famiglia. Una volta restituita un'identità sociale normale, il ragazzo

---

[29] Moffitt, 1993.
[30] Melde and Esbensen, 2011.

viene coinvolto nella comprensione della pericolosità sociale e quindi la sicurezza del territorio al fine di rendere informazioni utili alle forze dell'ordine. Certo gli effetti dell'aggregazione ad una Gang risulteranno difficili da cancellare per tutto il resto della vita, ma la consapevolezza che aiutare a cancellare una Gang dal territorio sia un beneficio sociale rende l'uscita del singolo un ottimo obiettivo da raggiungere.

Riconoscere una Street Gang

Entrando in un quartiere controllato da una Gang è facile notare i graffiti che rappresentano i tipici simboli appartenenti alla gang o imbattersi in giovani affiliati che non hanno problemi a farsi identificare come appartenente a quella o ad un'altra Gang, con evidenti tatuaggi sul viso o sul collo e braccia. Gli studi sulle Gang hanno rilevato fondamentali indicatori che ne facilitano l'identificazione. Il simbolismo resta comunque l'evidenza più comune che si manifesta con i tatuaggi, i graffiti e i berretti o bandana colorate. Questo perché il controllo del territorio è legato all'immagine che la Gang da di sé. L'appariscenza è una caratteristica tipica di queste aggregazioni formate da giovanissimi la cui "trasandatezza" ed "evidenza" risultano il modo più "cool" per essere riconosciuti e rappresentati.

Vediamo come si possono identificare:

- nome comune - il nome della Gang
- slogan
- segno identificativo
- simbolo
- tatuaggio
- stile di abbigliamento
- colore
- segni con la mano
- graffiti
- slang
- "Nickname" per i Social Media

- "Modus Operandi" attraverso le azioni criminali

Esempi che ben rappresentano possono essere i Crips una delle più importanti e conosciute Gang di Los Angeles insieme ai Bloods.
Nome: CRIPS
Slogan: Mi vida loca
Segno identificativo: Camicia a scacchi blu
Simbolo: Corona blu
Tatuaggio: Corona blu
Stile di abbigliamento: Bandana blu e scarpe sportive British Knights B.K. e Converse. A volte al posto della bandana i cappellini delle squadre di baseball
Colore: Blu
Segni con la mano
Graffiti: Corona blu con numeri
"Nickname" per i Social Media: Cuz
"Modus Operandi" attraverso le azioni criminali di particolare violenza indossano di solito giubbotti sopra la camicia a scacchi. E nel caso di un omicidio, molto spesso sarà lei stessa a rivendicarlo per esternare la propria forza, per dimostrare la superiorità sulle altre Gang.

Le Ragazze nelle Gang

Nell'affollato, articolato e violento mondo delle Gang, è importante capire il ruolo delle giovani donne che frequentano questo ambiente pericoloso e instabile. Costituiscono meno del 10% dei membri delle Gang presenti sul territorio, eppure fanno parte della più alta percentuale di vittime di reati. A volte sono allo stesso tempo vittime e carnefici e il loro comportamento è diventato un problema sociale. L'universo femminile legato alle gang è in pratica legato a doppio filo alle attività violente e non violente praticate dai maschi. Sembra che l'aggregazione non sia ad esclusivo appannaggio dei maschi. Anche le donne delinquono, anche se la percentuale è nettamente inferiore a quella maschile. Spesso le ragazze sono le compagne di alcuni affiliati e altre si aggregano per motivazioni personali.

Da alcune ricerche condotte, emerge che le ragazze si affiliano alle Gang per la maggior parte delle ragioni che spingono i coetanei di sesso maschile: una fonte di reddito, connessioni sociali o familiari preesistenti con la Gang[31], protezione da altre Gang o proteggersi dalla violenza di quartiere e anche per guadagnare rispetto.

La prima motivazione è legata probabilmente per ricercare nella Gang quella struttura familiare surrogata, che sostituisca quella di appartenenza, seguita dal disordine sociale del quartiere in cui si vive e la mancanza di scolarizzazione. Le ragazze che non frequentano le scuole tendenzialmente, come per i maschi, ricercano un modo per integrarsi socialmente e nel mondo del lavoro aggregandosi a una Gang in cui non sono richiesti "titoli di studio", ma ben altro. Un'altra importante motivazione sono gli abusi fisici e sessuali subiti a seguito dei quali il trauma subito le fa legare al violento mondo di una Gang entrando in un circolo vizioso in cui cercano quella dignità e il rispetto che hanno perduto sentendosi sottovalutate e impotenti. Ed è proprio il rispetto la spinta a cercare modi per ottenere una parvenza di autorità e rispetto che spesso le inserisce in una gang. Spesso, però, una volta che sono affiliate ad una Gang, le donne tendono a perdere praticamente tutto il potere acquisito e nella maggior parte dei casi diventano vittime di violenza e stupri all'interno del gruppo. Ovviamente non tutta la popolazione femminile che si affilia alle Gang sono o rimangono vittime del gruppo. Al contrario, alcune di loro diventano veri e propri leader capaci di comandare il gruppo spesso per sostituire membri maschi finiti in prigione continuando a fare da collegamento tra carcere e strada. Nelle OMGs, le Gang dei Biker, sono legate invece ai maschi in un rapporto di donna-oggetto che le costringe a ogni tipo di violenza, quella sessuale compresa.

Le donne affiliate alle Gang sono oggetto di osservazioni e studi poiché rappresentano le madri delle generazioni future che cresceranno probabilmente con una scala di valori distorta in cui delinquere è il lavoro cui ambire, la scuola è un posto dove si perde

---

[31] In uno studio del Consiglio Nazionale del Crimine e della Delinquenza (NCCD) del 2016, i ricercatori hanno scoperto che il 96% dei membri femminili di una Gang intervistati aveva un familiare che era stato arrestato e il 92% aveva un familiare in prigione o in carcere.

tempo, il poliziotto è un acerrimo nemico e la violenza è il primo modo per comunicare con il mondo. Negli Stati Uniti i problemi delle giovani donne sono sempre più seguiti e vengono creati programmi per la sensibilizzazione della comunità da parte dei dipartimenti di polizia per prevenire e scoraggiare l'affiliazione alle gang da parte di soggetti femminili. Per fortuna sono le stesse affiliate riescono molto più dei maschi ad uscire dalla Gang.

La ricerca condotta dal Consiglio Nazionale del Crimine e della Delinquenza (NCCD) ha rilevato che del campione di affiliati femminili, molti di età inferiore ai 21 anni, quasi la metà era incinta o già un genitore e la responsabilità genitoriale probabilmente influisce sulla decisione di lasciare la Gang subito, ma è anche più probabile che non rimarrà coinvolto in futuro. Un altro fattore trainante per le donne che lasciano la gang è l'incarcerazione.

Attualmente, ci sono un paio organizzazioni a Chicago, che si stanno concentrando su questa giovane popolazione femminile. Una è la "Working on Womanhood"[32] si concentra sui giovani che affrontano i fattori di rischio più significativi per affiliazione o violenza di gruppo. Queste ragazze partecipano a più di 30 settimane di sezioni di piccoli gruppi basate sulla terapia progettate per affrontare la risoluzione dei conflitti, problemi familiari, dipendenza e risultati educativi. L'altra organizzazione, "Demoiselle 2 Femme"[33], fornisce servizi, educazione e programmi di prevenzione alle ragazze tra i 13 ed i 19 anni. Gli argomenti affrontati da questi programmi includono l'hiv, l'obesità, le gravidanze adolescenziali, l'abuso di sostanze, la violenza, la gestione del denaro e l'accesso all'università. L'Organizzazione ha capacità di fornire e sostenere queste giovani donne, con la sfida di poter garantire che siano sempre più costanti ed efficaci.

---

[32]https://www.cityofchicago.org/city/en/depts/fss/provdrs/youth/news/2017/february/mayor-emanuel-expands-working-on-womanhood--wow--mentoring-servi.html

[33] demoiselle2femme.org/

CAPITOLO TRE

DAL QUARTIERE ALLA TRANSNAZIONALITÀ

Il contrasto delle Gang è diventato un problema nazionale che focalizza la vita di luoghi molto conosciuti degli USA.

La loro distribuzione sul territorio è ad oggi concentrata nelle grandi città e contee suburbane che restano le zone primarie di azione delle gang pari a circa il 42%. Le città più piccole rappresentano solo il 27% per cento mentre le contee rurali rappresentano poco più del 5%. Le città come Chicago, Detroit, Los Angeles, Washington D.C., Baltimora e New York contano consistenti numeri di Gang di quartiere violente, pericolose e inattaccabili. Inizialmente composte di giovani di etnia bianca, nel corso degli anni si sono alimentate di altri gruppi etnici rilevanti con caratteristiche violente differenti. Negli anni '60 fu un fenomeno tipicamente nero e tipicamente localizzate a Los Angeles. La realtà però oggi è notevolmente cambiata. I numerosi crimini commessi rendono la vita dei quartieri ed il servizio della polizia praticamente sempre in allerta. Le guerre tra Gang hanno trasformato il territorio delimitandolo con i graffiti sui muri e sentinelle tatuate a custodia dello stesso. E non solo. In contrapposizione il rafforzamento del potere sul territorio e conseguente controllo dei traffici di droga e armi è dovuto alle alleanze tra le maggiori Street Gang. Queste alleanze hanno prodotto una riduzione dei morti per dispute tra Gang, ma l'aumento considerevole di crimini che rendono la sicurezza percepita molto bassa. In particolare le statistiche degli ultimi 5 anni rilevano che quasi il 48% dei crimini violenti commessi sono a carico delle Street Gang.[34] I crimini relativi ai traffici di droga poi

---

[34] Fonte FBI.

sono alimentati dal costante flusso di immigrati dal sud degli Stati Uniti, Paesi notoriamente conosciuti come produttori di sostanze stupefacenti e maggiori trafficanti a livello mondiale. Queste reti di distribuzione si alimentano sul territorio statunitense per poi migrare a livello transazionale grazie soprattutto alla manovalanza, capacità di lavorazione e distribuzione offerti dalle organizzazioni delle Gang. E' nel quartiere che le azioni criminali si compiono con più frequenza, in un ciclo continuo, con l'obiettivo di accumulare denaro, quelle ingenti somme che servono a mantenere in vita tutti gli ingranaggi di un sistema apparentemente semplice. I crimini commessi sono quasi gli stessi da decenni, ma l'introduzione delle tecnologie informatiche, la potenza economica che contraddistingue un certo tipo di Street Gang, i metodi si sono resi più sofisticati, come pure l'ingaggio di ragazzi svegli e culturalmente preparati. L'essere "sofisticate" include anche il cambiamento del Modus Operandi anche attraverso l'uso di tecnologie per eludere la sorveglianza e l'intrusione delle forze dell'ordine che sono inserite nei programmi di controllo e contrasto del fenomeno. Gli stessi sistemi sofisticati usati per commettere crimini informatici "Cyber Crimes" o crimini dei cosiddetti Colletti Bianchi, noti come "White Collar". Per questi crimini le conoscenze informatiche permettono di inserirsi in luoghi sensibili e protetti in cui le informazioni riservate sono monitorate costantemente dall'FBI ed Agenzie di Intelligence Federali. Se da una parte il tradizionale apparire sul territorio è rimasto nella maggior parte diffuso nei quartieri controllati con colori, graffiti e tatuaggi, dall'altra l'anonimato sta diventando una regola fondamentale a livelli più sofisticati di reti e crimini. Tornando alla Gang Originale questa risulta essere l'embrione in cui decine di giovani affiliati imparano il nuovo comportamento omologandosi a quello del gruppo. Ovviamente stiamo parlando della fase in cui il giovane è consapevole che la sua attività nella Gang sarà quella di delinquere. Il giovane si integra con la mentalità del gruppo a cui ha giurato fedeltà e inizia la sua carriera criminale secondo un ciclo evolutivo che segue la Gang. Dallo scippo o furto in appartamenti si arriva alle rapine a mano armata, omicidi e intimidazioni farà parte della manovalanza, il Working Group aspirando ad arrivare a livelli gradualmente più alti come per esempio il Gruppo di supporto che segue un certo tipo di crimini o nel settore della Sicurezza della Gang, fino al Gruppo che amministra il territorio, che decide sui crimini e sulle persone. Passando così da una cellula organizzata a quella più sofisticata del Crimine Organizzato sul territorio Nazionale e Transnazionale.

Classificazione delle Street Gang negli Stati Uniti d'America

Per semplificare la conoscenza e l'identificazione delle Street Gang il Dipartimento di Giustizia, insieme alle maggiori Agenzie di Investigazione ed Intelligence, ha classificato le Gang secondo il loro territorio d'azione e caratteristiche.

Street Gangs Locali e Nazionali
Outlaw Motorcycle OMGs, le gang di Motociclisti
Prison Gang
MTCOs acrònimo di Mexican Transnational Criminal Organizations

A questa classificazione generale si aggiungono le Cyber Gang[35] e le Hybrid Gang, quelle non convenzionali che sono formate da individui che hanno alleanze con più Gang e che provengono da strutture particolari o da nuove generazioni di immigrati in numero minore che sono introdotti nel Paese clandestinamente.[36]

Anche se la maggior parte delle Gang sono generalmente strutturate seguendo le etnie o aree geografiche in cui operano e la loro rivalità storica, oggi si assiste ad una rete fitta di relazioni vantaggiose tra Street Gang nel tentativo di espandere le imprese criminali per aumentare i profitti. La conseguenza è l'accentuarsi di un certo tipo di azioni criminali soprattutto legate ai traffici di droga e di esseri umani.
Per fare un esempio sui traffici di droga i territori sono spartiti

---

[35] Con reati conosciuti come White Collar Crimes tra cui furto di identità, frode bancaria, frodi con carte di credito, riciclaggio di denaro, ricettazione di beni rubati, la contraffazione e le frodi sui mutui e stanno reclutando i membri che possiedono queste caratteristiche abilità.
[36] Fonte Homeland Security Agency.

secondo il tipo di droga distribuita che viene gestita seguendo un preciso ordine di alleanze tra Gang presenti nei differenti Stati, con un legame con i territori in cui la droga viene prodotta[37]:

Ovest:
Metanfetamine

Centro Nord:
Cocaina

Nord Est:
Eroina

Centro Sud:
Cocaina

Sud Est:
Eroina

La stessa distinzione territoriale è nella distribuzione delle Gang che nel tempo hanno seguito migrazioni e spostamenti secondo i loro interessi legati ai traffici.

Ovest:
Aryan Brotherhood
Bandidos
Black Guerrilla Family – BGF
Bloods
Crips
Gangsters Disciples
Hells Angels
Mexican Mafia
Mongols
Neighborough Based Gang
Norteños

---

[37] Fonte FBI Street Gang Task Force.

Sons of Silence
Sureños:
- MS-13
- 18th Street
Vagos

<u>Centro Nord:</u>
Bloods
Black P Stones
Crips
Gangsters Disciples
Hell's Angels
Norteños
Outlaws
Sons of Silence
Sureños
Vatos Locos

<u>Nord Est</u>
Hell's Angels
Latin King
Mongols
Outlaws
Neighborough Based Gang
Pagans
Sureños
- MS-13
- 18th Street
United Bloods Nation

<u>Centro Sud:</u>
Aryan Brotherhood
Bandidos
Barrio Azteca
Latin Kings
Mongols
Outlaw

Neighborough Based Gang
Sureños
- MS-13
- 18th Street

Tango Blast
Texas Mexican Mafia
Texas Syndicate

Sud Est:
Black Guerrilla Family – BGF
Crips
Folk Nation
Hell's Angels
Latin Kings
Mongols
Neighborough Based Gang
Pagans
Sureños
- MS-13
- 18th Street

United Bloods Nation

Come è evidente nella precedente distinzione alcune delle più significative Gang di uno specifico territorio le ritroviamo in aree diverse da quelle originarie. Gang come Sureños e Crips nate in California hanno una loro collocazione sulla costa Est, come un legame nato da migrazioni interstatali per distribuzione di traffici, la maggior parte dei quali legati al MTCO's[38] essenzialmente coinvolte in crimini frontalieri e transfrontalieri soprattutto ai confini tra Messico e Stati Uniti Texas e California. Proprio a ridosso di questo confine transnazionale i cartelli della droga messicani, come per esempio quello di Sinaloa, si servono della collaborazione delle Gang per i propri traffici. Il territorio statunitense diventa così una terra di passaggio per i traffici di droga verso l'Europa attraverso una fitta rete di lavorazione, stoccaggio e distribuzione che dall'altra

---

[38] Mexican Transnational Criminal Organization.

parte dell'oceano trovano supporto da parte delle maggiori organizzazioni criminali molto note interessate anche a traffici di altra natura.

Altro discorso vale per le OMGs che dalla loro origine e MO, sono a priori le Gang che più si muovono per le azioni criminali al soldo del miglior offerente, Gang che proprio negli ultimi anni hanno costruito basi solide sul territorio Europeo nelle maggior Capitali staccandosi dai nuclei originali nati negli Stati Uniti d'America.

MAGGIORI CRIMINI COMMESSI

Street Gang locali e nazionali

- Furti Aggressioni Rapine Invasioni domestiche
- Traffico di droga così distribuita Ovest: metamfetamina; Centro Nord: cocaina; Nord est: eroina; Centro Sud: cocaina; Sud est: eroina
- Traffico di armi
- Prostituzione, immigrazione clandestina, traffico di esseri umani

Outlaw Motorcycle OMGs

- Crimini violenti in genere
- Traffici di droga, armi, persone, immigrazione clandestina
- Crimini violenti su commissione

Prison Gang

- Si impegnano in qualsiasi attività illecita che porti i loro obiettivi per generare denaro, controllare il territorio e garantire il potere
- La maggiore e più lucrativa resta il contrabbando grazie alla corruzione delle guardie carcerarie

MTCOs

- Criminalità transfrontaliera attraverso traffico e distribuzione di droga e armi ed il maggior numero di reati per immigrazione clandestina e prostituzione
- I traffici avvengono usando i metodi più disparati.

I dati statistici classificano i maggiori reati commessi

Traffici di droga	63 %
Aggressioni	44 %
Minacce/Intimidazioni	41 %
Furti	38 %
Rapine	29 %
Traffici di armi	27 %
Scippi e furti in strada	25 %
Furti di auto e moto	22 %

I numeri parlano chiaro: i traffici di droga restano la prima fonte di "sostentamento" delle Gang. Un indicatore molto importante che rappresenta l'attuale minaccia più temuta sia per l'ordine pubblico sia per la salute della popolazione poiché negli ultimi anni si è assistito ad un incremento rilevante di morti per overdose. Seguono le aggressioni a dimostrazione che la violenza accompagna la maggior parte delle azioni legate ai gruppi.
Gruppi che comunque sono essi stessi distribuiti sul territorio secondo l'etnia e quest'ultima da un'ulteriore informazione sui traffici di droga, argomento che verrà approfondito in seguito.

Membri suddivisi per etnia

Ispanici 47%
Neri 31%
Bianchi 13%
Asiatici 7%
Altro 2%

di cui ben il 40% risulta avere un'età inferiore a 18 anni e l'8% è di sesso femminile.

CAPITOLO QUATTRO

IL SIMBOLISMO E LA COMUNICAZIONE: GRAFFITI, TATUAGGI E CODICI SEGRETI

Recita qualcuno sui social media: "Senza dubbio i graffiti al giorno d'oggi sono una forma di espressione artistica. L'arte di strada trasforma la città in una gigantesca mostra all'aperto. Bowery, Bronx, Lower East Side, Bushwick (…). Tuttavia, non tutti i graffiti sono artistici, come quelli visti nella foto. A mio parere, è ancora meglio di niente perché dà un volto e un riconoscimento a quelle case squallide a Chinatown"[39].

I membri delle Gang comunicano in molti modi diversi utilizzando metodi di comunicazione orale e non verbale. Molte bande locali adotteranno segni, simboli e colori per distinguersi dalle altre bande, confermare i membri, infondere orgoglio, comunicare con gli alleati e intimidire i loro rivali. Il loro gergo di strada non è discreto, anzi, è molto evidente ed allo stesso tempo in codice difficile da decodificare e comprendere.
Le Gang usano segni, simboli, messaggi in codice e colori mostrati attraverso l'uso di graffiti, tatuaggi, vestiti, bandane, berretti, scarpe e

---

[39] Facebook page New York: The City That Never Sleeps.

gioielli per mostrare affiliazione con una particolare gang, usare segni con la mano per comunicare tra di loro, inviare una minaccia, sottolineare la propria identità e supremazia, per i propri traffici illeciti, per delimitare il territorio, per reclutare nuovi affiliati e molto altro ancora.

Comprendere la comunicazione delle gang fa parte della maggior parte dei programmi che le forze dell'ordine locali, nazionali ed interstatali mettono in atto per contrastare e prevenire la maggior parte dei crimini commessi dalle gang. Il primo luogo più evidente dove si scambiano comunicazioni sono i muri per le strade.

In passato, e non solo, i graffiti sono stati a lungo considerati un'attività legata alle Gang e il loro uso è strettamente connesso al fatto che molte di esse hanno aree particolari che cercano sempre di controllare.[40]

Il simbolismo racchiuso nei "graffi" sui muri può contenere preziose informazioni sulle attività, i valori e gli avversari della Gang. Il più delle volte le Gang spruzzano graffiti per contrassegnare il territorio o inviare una minaccia a una banda rivale. Quando sono in guerra con un'altra banda, possono visitare le posizioni in cui la banda rivale ha già lasciato il segno, cancellando i nomi dei nemici che hanno ucciso o semplicemente coprendo il rivale. Questo è anche noto come un "cross out".[41]

Le Gang hanno a lungo utilizzato i graffiti come mezzi di comunicazione codificati, ma per l'occhio inesperto, sembra un semplice vandalismo.

Nel 1950 le Street Gang hanno iniziato ad usare i graffiti per marcare il loro territorio, per l'auto-promozione e le intimidazioni.

---

[40] Secondo l'Ufficio del Dipartimento di Giustizia degli Stati Uniti e dei Servizi di Polizia orientati alla comunità ci sono diversi tipi di graffiti. I principali tipi includono: graffiti di gruppo, spesso usati dalle gang per marcare il territorio o trasmettere minacce di violenza e, a volte, graffiti copiativi, che imitano i graffiti delle gang; graffiti tagger; graffiti convenzionali, atti spesso isolati o spontanei di "esuberanza giovanile", ma talvolta malevoli o vendicativi; graffiti ideologici, come graffiti politici o di odio, che trasmettono messaggi politici o insulti razziali, religiosi o etnici.

[41] La parola "Graffiti" deriva dalla parola italiana "Graffito" ed è definito come "una scritta o un disegno scritta o graffiato su un muro" con l'intento di essere visto dal pubblico.

Per esempio serve a intimidire i membri di una banda che attraversano il territorio di una banda rivale. Quest'ultima delimita il territorio con un graffito ben visibile per dimostrare la sua supremazia in quel luogo. La decodifica dei messaggi dietro i graffiti di può dare un significativo contributo alle indagini su un determinato crimine o sulla connessione tra Gang[42].

Una semplice scritta vista su camion di consegna, sui muri per strada, specchi, bicchieri, vestiti, porte, in pratica su qualsiasi superficie, rappresenta per i "Ragazzi delle Gang" un segno distintivo, un "giornale" aggiornato con le loro notizie[43]. E' anche vero che non tutti i graffiti sono graffiti di una Gang. [44] Una volta che si è in grado di decifrare la loro fonte ed i messaggi segreti in essi contenuti, i graffiti diventano un'utile fonte di informazioni, come per esempio la determinazione dei confini territoriali.

I graffiti di gruppo possono essere scritti in una varietà di stili di scrittura. Le lettere a blocchi o a lettere larghe sono più comunemente usate, mentre i graffiti di gruppi ispanici sono solitamente più complicati. Infatti, si aggiungono ai "font", di solito il Chicano, anche i colori. Per esempio i Crips si identificano con i colori blu e quelli con il rosso, ed è proprio il colore che aiuterà anche a determinare se hai a che fare con una Gang ispanica o se stanno rivendicando la fedeltà al Nord o al Sud della città.

Ad esempio, al di fuori della California, i colori rosso e blu rappresentano un'affiliazione significativa per le bande ispaniche. Le bande ispaniche che si sono allineate con quelle originarie della California settentrionale si identificheranno con il colore rosso. Quelle bande ispaniche che hanno origine nella California meridionale s'identificheranno con il colore blu.[45]

I colori diversi dal rosso o dal blu possono avere un significato

---

[42] Utilizzando il metodo di Link Analysis.

[43] Nella sottocultura delle Street Gang rappresentano ogni cosa, dai confini alle sfide, dai saluti amichevoli e alle azioni criminali contro i rivali. Può anche essere un fattore motivante dietro gli omicidi legati alle Gang.

[44] Gran parte delle scritte sui muri, sui vagoni dei treni o in altri luoghi sono i sottoprodotti dei Tagger, i cui graffiti sono di natura più artistica e contraddistinti da murales con lettere bombate.

[45] Sono note le Gang Norteños e Sureños, Nord e Sud.

speciale per alcuni gruppi che praticano le religioni occulte: molti si identificano con graffiti argentati e rossi. Il colore non ha alcun significato per molte delle bande del Midwest: le Gang "Folk and People Nations", con sede a Chicago, utilizzano qualsiasi colore nei loro graffiti. Per le Gang che invece sono concentrate sullo spaccio di marijuana, i graffiti fungeranno da confine territoriale come una pubblicità silenziosa. I membri della gang e i loro alleati riconoscono tali segni come una forma di benvenuto e conferma del luogo come deposito della droga da distribuire.

Per le Gang rivali, i graffiti diventano una forma di avvertimento e sfida. Il graffito è un modo per dire "stai lontano" e, allo stesso tempo, un avvertimento: "Attenti, questo è il nostro territorio - noi siamo il numero 1 qui". È un insulto per una banda rivale violare gli avvertimenti. Comunque i marcatori di confine possono essere semplici come un nome o un simbolo di una gang. Alcuni possono includere un elenco di bande parziali e denotare l'affiliazione di una banda. Un classico esempio sono i graffiti di una gang ispanica. Tipicamente, dirà al lettore il nome della gang, indicherà un orientamento della California settentrionale o meridionale e avrà una rivendicazione di superiorità rispetto alle altre bande. Potrebbe contenere il numero romano "13" in qualche forma, che rappresenta la 13ª lettera dell'alfabeto, la lettera "M" che per alcuni sta per marijuana.[46]

Nel sistema carcerario statale della California, il numero "13" è anche un simbolo per la mafia messicana, più comunemente noto come la "Eme" e se la Gang ha origine nella California settentrionale, ci si aspetterà di vedere il numero 14 - la 14ª lettera dell'alfabeto, "N", che rappresenta il nord, quindi la Gang Norteños. E se nei graffiti appare "Sur" o "Sureños", è l'indicazione che la Gang proviene dalla California del sud.

---

[46] Il numero rappresenta in realtà un po' di storia per le bande ispaniche, riferendosi al progetto di edilizia residenziale di Mara Villa nel 1940 a Los Angeles. Storicamente, si può rintracciare l'origine delle rivalità del tappeto erboso per le bande ispaniche a quell'epoca.

Le altre Gang che sono geograficamente situate in diverse parti della città o della contea, i graffiti possono contenere descrizioni direzionali come north-side (NS), south-side (SS), east-side (ES) e west-side (WS). Anche i prefissi telefonici sono indicativi della zona di appartenenza, per esempio nella città di San Diego spesso la Gang di Imperial usa i numeri "619" nei graffiti.

In molte parti del paese, i numeri "187" sono mescolati con graffiti di gruppo. In California, ad esempio, la sezione del codice penale per omicidio è "187", e le bande useranno questo numero per prendere di mira o fare minacce di morte contro un particolare membro o gruppo rivale. Il numero sarà scritto accanto al nome di una gang o al nome di un particolare membro di una gang, che è considerato una minaccia di morte valida. I numeri "187" sono stati scritti come "1x8x7x" o come "187"; le x rappresentano periodi. Questa è una sentenza di ritorsione che alla fine verrà messa in atto. "BK" e "CK" significano "Blood Killer" e "Crip Killer".

Sempre nei graffiti delle gang ispaniche spesso troviamo la lettera "R" o la parola "Rifa", entrambi i quali sono abbreviazioni di "noi siamo i migliori" o "noi siamo n.1". Molte bande ora usano la parola spagnola "somos", che significa "siamo" e la posiziona in cima al gruppo di bande. Può essere abbreviato come "SMS" ed è solitamente accompagnato da un elenco di "moniker" – alias - di affiliati alle gang.

Un codice semplice utilizzato è la sostituzione di numeri specifici che corrispondono a lettere particolari dell'alfabeto (ad es. 1 = A, 2 = B, 3 = C, ecc.). Un esempio potrebbe essere l'Insane Gangster Disciples che usa 974 (I = 9, G = 7, D = 4). Ci sono anche codici e alfabeti più complessi che vengono usati per nascondere i messaggi. Molte gang hanno redatto vere e proprie "bibbie" con le regole, i codici, l'alfabeto e i simboli della gang.

Le gang si insultano semplicemente spruzzando una "X" sui graffiti della loro banda rivale. Questi "incroci" hanno portato a scontri violenti e numerosi decessi tra gli affiliati rivali, poichè è un evidente atto di mancanza di rispetto. Non solo loro cancellano i nomi, alcune gang insultano i loro rivali sottraendo il simbolo della loro gang rivale o addirittura scrivendo termini dispregiativi come Crabs, Slobs, ecc. in un posto ben visibile.

Non sempre i graffiti rappresentano un confine, un luogo di distribuzione di droga o una velata minaccia, essi possono anche semplicemente essere usati per annunciare la presenza di una gang. Se consideriamo le Gang del sud-est asiatico, ad esempio, esse non rivendicano il territorio come le tradizionali bande ispaniche, ma molte di queste posizionano graffiti vicino alle aree in cui si

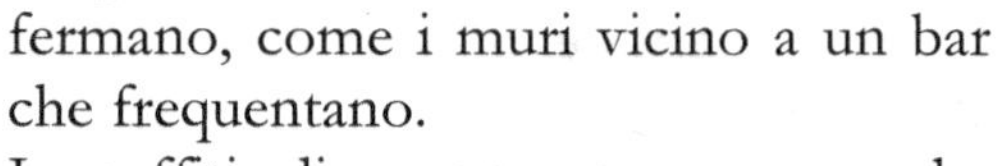

fermano, come i muri vicino a un bar che frequentano.

I graffiti di gruppo possono anche indicare alleanze di lavoro tra bande, che sono indicate da graffiti che rappresentano due gruppi diversi. Ad Anchorage, Alao, per esempio, c'era un caso in cui alcuni graffiti avevano le iniziali "TRG" e "FTC" scritte l'una accanto all'altra; sotto c'era la frase "lavora qui". In poche parole, questo significa che la Tiny Rascal Gang (TRG) e la Full Time Criminals (FTC) sono alleati e si sosterranno a vicenda.

Tuttavia sono le rivalità che interessano prima di tutto le forze dell'ordine. Ad esempio in una zona di Brooklyn con un'ampia presenza di gang rivali, una lettera rossa "B" con una freccia rivolta verso l'alto indica la presenza della banda Bloods.

Se la "B" è barrata con una "C" scritta in blu o con un forcone, la gang dei Crips sta cercando di entrare nell'area e sta mancando di rispetto ai segnali identificativi dei Bloods. Secondo la polizia locale "Quando inizi a vedere gli incroci, la violenza arriva poco dopo". Ed è questo segnale ci sta dicendo che due gang stanno per combattere su quel territorio magari per spartirsi il traffico di droga e armi da fuoco in aree specifiche. Molte gang usano i graffiti per vantarsi dei

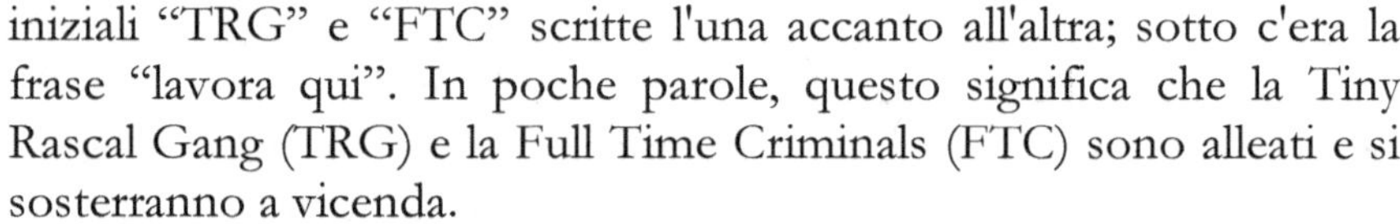

crimini che hanno commesso; quindi, non è raro trovare graffiti sulla scena di un furto o omicidio.[47]

I graffiti di gruppo possono anche avere un'altra importante funzione: intimidire i membri non appartenenti alla banda, in particolare a scuola, dove può avere un effetto dirompente sugli studenti e sul personale docente. I graffiti che vediamo normalmente possono essere anche un'espressione di odio nei confronti della polizia. Per tutte le gang, i poliziotti sono considerati i nemici, i loro rivali. Gli agenti non solo possono usare i loro segni come prova di un crimine, ma i graffiti possono anche aiutare i poliziotti a documentare e monitorare i tipi e il numero di bande nella loro giurisdizione. Inoltre, possono dare alla polizia l'idea di qualsiasi tensione in sospeso all'interno di una gang o tra bande rivali. Per quanto sia sgradevole, non c'è dubbio che possa essere una fonte preziosa d'informazioni per coloro che possono decifrare i codici segreti. Di tutt'altra natura e significato sono invece i "Tag" che hanno esclusivamente lo scopo di far notare doti artistiche di una "Crew" che firma in chiaro il graffito per farsi riconoscere ed accrescere la sua notorietà.[48] Lo scopo è di segnare quanti più possibili luoghi o cose di una città, ma anche di quelle diverse dalle originarie. Sta poi nell'abilità degli investigatori riconoscere anche all'interno di un luogo pieno di graffiti quelli più indicativi per il riconoscimento delle gang.

---

[47] Alcune gang possono persino contrassegnare gli strumenti del crimine commesso, ad esempio, i membri della banda di Paramount, California, West Side Paramount (California), furono coinvolti in diversi incendi, utilizzando bombe a benzina (bombe Molotov). Dopo che le bottiglie in frantumi furono recuperate sulla scena, si potevano facilmente vedere le parole "WSP" scritte sui pezzi di vetro.

[48] I "Taggers" vengono giudicati in base alla loro capacità di creare rapidamente "tag" con linee pulite e nitide, ombreggiature, profondità all'interno di lettere o numeri e, talvolta, con illustrazioni all'interno o all'esterno del tag stesso. I "tag" che sono semplicistici o tratteggiati vengono talvolta disegnati o cancellati. Un "tagger" il cui lavoro non è rispettato viene spesso definito un "giocattolo".

La lettura dei graffiti

Nomi: sono di solito abbreviati a, due o tre lettere, ma possono includere l'affiliazione della banda cioè Crips Bloods, o SUR, Norte, così come slogan come "Rifa Mos", We Rule, o "por Vida "For Life.

Moniker: Il "soprannome di" o nomi delle strade degli affiliati alla gang sono spesso inclusi nei graffiti. Il moniker spesso è una descrizione dell'aspetto della banda: Smiley, Pippo, Joker, Flaco o Lil Capone.

Territorio o Turf: L'area di supremazia di una gang, tra cui nomi di città, nomi di strade, aree geografiche, parchi o locatori direzionali, cioè West-side, East-side etc, di solito sono inclusi.

Lettering Stacked è un altro metodo utilizzato per indicare la posizione nel territorio. Tre combinazioni di numeri di solito documentano il codice della gang.

Minacce e sfide: i graffiti spesso rappresentano sfide e minacce per le bande rivali. Per esempio "X" è un segno di mancanza di rispetto. Il numero "187" è il codice dello Stato della California ed è usato per identificare un omicidio. Upside down, indietro o le lettere o parole barrate sono tutti segni di mancanza di rispetto e indicano spesso rivali della banda.

Numeri: sono comunemente associati con le bande. I numeri "13" e "14" sono molto comuni con bande ispaniche e di individuare un'associazione con Southern o Northern California. I numeri "5" e "6" sono comunemente associati con le People e Folk Nation Gang. Il numero "18" è comunemente associato con la 18th Street Gang, che è la più grande banda ispanica sulla West Coast.

Simboli: alcune bande utilizzano simboli per identificare affiliazione o alleanze, cioè stelle a 5 punte e corone per le People Nation e stelle a 6 punte e corone e forconi per le gang della Folk Nation.

Se i graffiti sono un modo molto provocatorio e irrispettoso del vivere civile, oltre naturalmente il codice di comportamento criminale ed illegale, gli affiliati adottano codici comportamentali che li distinguono tra di loro e spesso gli stessi simboli usati sui muri vengono impressi sulla pelle dell'affiliato. Anche in questo, caso come per i Graffiti ed i Tag, non bisogna confondere la moda giovanile di tatuarsi disegni o scritte in numero dispari copiandoli magari da quelli trovati sui muri, ignorandone il loro significato intrinseco, con i "Tattoos" delle gang. Per esempio, ci possono essere tre o quattro "Buddha" nei graffiti che identificano una Gang, se invece succede di vederne due di "Buddha" è un semplice "Tag".

Gang Tattoos. I tatuaggi delle gang

La parola tatuaggio deriva dall'antica parola tahitiana "Tatu".
I tatuaggi sono stati a lungo utilizzati per identificare le persone in molte culture. Oggi, in particolare nella cultura delle Street Gang la modalità e l'obiettivo non sono diversi. Gli affiliati alle Gang usano tatuaggi per diversi motivi.

A volte avere numerosi tatuaggi vuol significare di aver trascorso molto tempo in prigione e di solito gli appartenenti a una gang hanno il loro nome o "soprannome" o il nome della via tatuato su di loro. Alcuni di questi simboli sono; stelle, corone, e forconi.
Possono essere abbreviazioni, sigle e numeri legati alla gang. Alcune abbreviazioni comuni sono "SUR" (Sud) e "NORTE" (Nord). Molte volte le iniziali specificano l'ubicazione della cricca; come "WSR60" (West Side Rollin Sixties Crips), "BH" (Bounty Hunter Bloods), o "NLR" (Nazi Low Riders). I numeri sono spesso usati in relazione alle corrispondenti lettere dell'alfabeto, "274" (Black Gangster Disciples) o "13" (Mexican Mafia / La Eme).
Altri tatuaggi possono includere "RIP" (Rest In Peace), omaggi ai loro homeboys defunti. Teardrop tatuaggi vicino a un occhio o la "Smile Now, Cry Later", le facce sono entrambe tatuaggi delle gang comuni. Frasi comuni come "Thug Life" o "Cholo Por Vida"

(Gangster For Life) si trovano spesso in tatuaggi. Tre puntini sul dorso di una mano significa: "Mi Vida Loca" - My Crazy Life.

Ci sono alcuni tatuaggi che possono dare una visione ufficiale che l'affiliato alla gang è stato in prigione. Le Ragnatele possono spesso significare il tempo trascorso o lapidi con i numeri su di loro indicherà gli anni in cui sono stati incarcerati. Tatuaggi orgoglio razziale, come ad esempio; "SWP", Supreme White Power, o "White Pride", sono comuni tra i detenuti, dal momento che le alleanze per la protezione e la banda di appartenenza sono di solito costituite da gare di appartenenza. Spesso il tatuaggio di una gang non autorizzato può essere pericoloso, soprattutto in un ambiente carcerario.

I tatuaggi sono una fonte eccellente di analisi di intelligence per le forze dell'ordine per individuare presunti affiliati alle gang.

Una buona osservazione e documentazione dei tatuaggi può aiutare a capire se un sospettato per un crimine è un affiliato a una gang o

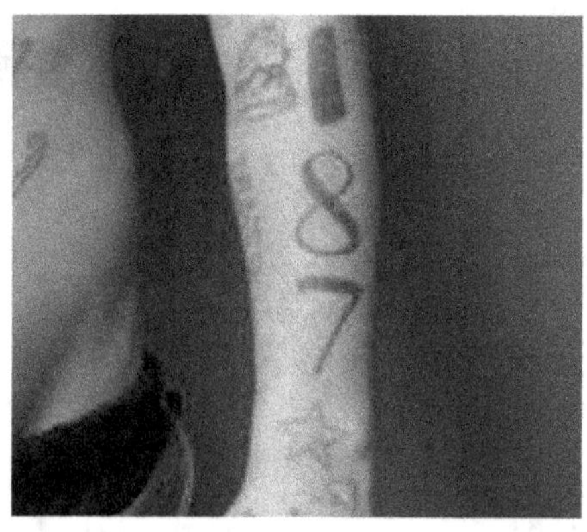

anche solo collegato e permette di identificare l'origine del crimine, per esempio il mandante. Il metodo migliore per documentare i tatuaggi è di fotografarli.

Infatti, i tatuaggi sono diventati un identificatore tanto importante quanto le impronte digitali ed è importante fotografarli all'interno delle carceri. Molte strutture fotografano i tatuaggi dei detenuti in arrivo e usano le foto come strumento di classificazione e identificazione, possono fornire indicazioni su collegamenti o legami con gruppi di bande e/o gruppi di minacce alla sicurezza. Le forze dell'ordine possono anche utilizzare le foto come possibili identificatori di un individuo in una data e ora successiva. In molte occasioni, le vittime di reati possono essere in grado di vedere o ricordare un tatuaggio. La fotografia di tatuaggi aiuta innegabilmente l'applicazione della legge nell'individuazione di sospetti di crimini violenti e gli arresti di criminali.[49] All'interno della struttura carceraria è difficile poter avere informazioni dai detenuti circa la natura e il significato dei loro tatuaggi per poter avere un quadro più o meno veritiero sulla persona e sulle connessioni ai crimini o ai gruppi criminali ai quali esso è connesso. Una volta che il tatuaggio è stato decifrato e riconosciuto come legato a un gruppo, la singola fotografia inserita in un data base facilmente consultabile dalle forze dell'ordine può permettere con un'accurata analisi di stabilire una serie di connessioni utili agli investigatori non solo per la risoluzione di un caso, ma anche come prevenzione. I tatuaggi possono aiutare a identificare i sospetti, i fuggitivi. Nel corso degli anni, identificatori importanti come le impronte digitali, il DNA e le foto segnaletiche hanno identificato i sospetti e hanno aiutato a risolvere i crimini, ma anche i tatuaggi sono diventati altrettanto rilevanti.[50]

Per dare un'idea dei tatuaggi più diffusa tra i detenuti e affiliati alle street gang di seguito sono riportati alcuni esempi significativi.

Alcuni di essi, pur non prettamente legati a nessuna gang o affiliazione sul territorio americano, spesso sono usati come emulazione come per esempio alcuni tatuaggi tipici dei criminali

---

[49] Dipartimento di polizia della contea di Howard tramite AP.

[50] Alcuni anni fa, un individuo fu prenotato nel carcere della contea di Pima. Un paio di giorni dopo il suo arresto e la successiva prenotazione nella nostra struttura, l'Omicidi di Las Vegas emise un mandato per il suo arresto. Inoltre, gli hanno imposto l'estradizione a Las Vegas, in Nevada, per accuse di omicidio. Ad un certo punto durante i procedimenti giudiziari, un giudice della Corte Superiore lo ordinò temporaneamente trasferito all'Arizona State Hospital (A.S.H.) per determinare la sua competenza. Successivamente il detenuto è fuggito da A.S.H. facendo un manichino che ha messo nel suo letto poco prima della fuga. Uscì da una finestra del bagno e fuggì attraverso un'apertura nei bar. Il detenuto aveva alterato il suo aspetto durante la sua permanenza nell'ospedale statale. Si era cresciuto i capelli e la barba. Con questo in mente, quando ho ricevuto la notifica Tentativo di individuare (ATL), ho aggiunto in particolare le fotografie dei suoi tatuaggi come identificatori. La polizia lo ha catturato 24 ore dopo la sua fuga. A tempo debito, il dipartimento di polizia di El Mirage mi informò che le fotografie dei suoi tatuaggi erano strumentali all'apprensione. Un articolo di giornale riguardante la fuga e la cattura indicava: "All'inizio ha negato di essere l'evaso e ha detto che stava solo cercando di prendere un passaggio per Las Vegas. Ma il sergente riconobbe i suoi tatuaggi e alla fine si arrese e disse agli ufficiali: "Dio mi ha aiutato a fuggire".

russi.

<u>Ragnatele</u> Rappresentano tipicamente un lungo periodo in prigione. Il simbolismo è associato ai ragni che intrappolano la preda; o criminali intrappolati dietro le sbarre. Questo tatuaggio si trova comunemente sul gomito, a significare che stare seduti così a lungo con i gomiti sul tavolo ha permesso a un ragno di costruire una rete sul gomito, sebbene possa essere anche localizzata sul collo quando il detenuto è sdraiato in cella. Capita a volte di vedere un tatuaggio con una rete multicolore, probabilmente non è un tatuaggio da carcere; poiché in prigione chi fa tatuaggi non ha la possibilità di usare inchiostro colorato.

<u>Lacrima</u> Uno dei tatuaggi più ampiamente riconosciuti, il significato della lacrima varia geograficamente. In alcuni luoghi, il tatuaggio può significare una lunga pena detentiva, mentre in altri significa che chi lo indossa ha commesso un omicidio. Se la lacrima è solo un contorno, può simboleggiare un tentato omicidio. Può anche significare che uno degli amici del detenuto è stato assassinato e che stanno cercando vendetta. La lacrima è stata recentemente resa popolare dai rappers e altre celebrità, ma rimane ancora un elemento fondamentale nelle carceri.

<u>Corona a cinque punte</u> Questo è il simbolo della banda dei Latin Kings, che è una delle più grandi bande ispaniche degli Stati Uniti con sede a Chicago. La corona sarà spesso accompagnata dalle lettere ALKN, che sta per Almighty Latin Kings Nation. I cinque punti sono dovuti al fatto che i Latin Kings sono affiliati alla banda People Nation, che è rappresentata dal numero cinque. I Latin Kings hanno una presenza enorme sia dentro che fuori dal carcere e le loro radici risalgono agli anni '40.

<u>Il numero 1488</u> Questo numero può essere trovato sui detenuti che appartengono alla gang White Supremacy che hanno un'ideologia nazista. Possono essere usati anche i numeri 14 o 88, che a volte creano confusione. Quattordici rappresenta quattordici parole, che sono una citazione del leader nazista David Lane: "Dobbiamo

garantire l'esistenza della nostra gente e un futuro per i bambini bianchi". L'88 è una scorciatoia per l'ottava lettera dell'alfabeto due volte, HH, che rappresenta Heil Hitler. In genere, questi tatuaggi possono essere trovati in qualsiasi parte del corpo.

<u>Aryan Brotherhood</u> Questa gang ha una varietà di tatuaggi significativi, che vanno da "AB" a simboli nazisti come una svastica o bulloni SS. La Fratellanza costituisce l'1% della popolazione detenuta, ma è responsabile del 20% degli omicidi all'interno delle carceri statunitensi, quindi identificare questi tatuaggi è estremamente vantaggioso.

<u>Norteños</u> I tatuaggi rappresentano la banda di Nuestra Familia, che è associata alle gang ispaniche nel nord della California. I loro tatuaggi includono la parola Norteño, Nuestra Familia, con un sombrero, la lettera N o il numero 14, che simboleggia la quattordicesima lettera dell'alfabeto (la lettera N). I Norteños sono rivali dei Sureños, bande ispaniche con sede nel sud della California. La linea di divisione non ufficiale tra i due si trova a Delano, in California. I Norteños si identificano con le bandane rosse e traggono principalmente le loro entrate dal contrabbando e dalla distribuzione di cocaina, eroina e metanfetamine.

<u>Tre punti</u> Il tatuaggio con tre punti è un comune tatuaggio da carcere che rappresenta "mi vida loca" o "la mia vita pazza". Non è associato a nessuna gang particolare, ma chi lo porta vuol far sapere che ha allo stesso stile di vita di una gang. Questo tatuaggio si trova in genere sulle mani o intorno agli occhi. Può anche avere un significato religioso, come la rappresentazione della santa trinità del cristianesimo. Il tatuaggio a tre punti è spesso creato utilizzando un metodo "stick-and-poke", che richiede strumenti molto rudimentali.

<u>Cinque punti</u> Questi punti differiscono notevolmente dal tatuaggio precedente: cinque punti rappresentano il tempo trascorso in prigione. Conosciuto anche come "quinconce", i quattro punti all'esterno rappresentano quattro muri, con il quinto all'interno che rappresenta il prigioniero. Questo tatuaggio può essere trovato a

livello internazionale, tra detenuti americani ed europei. I punti si trovano tipicamente sulla mano di un detenuto, tra il pollice e l'indice. Cinque punti su altre parti del corpo possono avere significati diversi, come per esempio l'affiliazione con la gang People Nation.

<u>L'orologio senza lancette</u> Questo tatuaggio è abbastanza rappresentativo del tempo. Lo hanno sul loro polso i detenuti che devono scontare pene più lunghe, con cinturini per orologi e tutto, proprio come un vero orologio. Il quadrante dell'orologio stesso può assumere diverse forme, ad esempio il quadrante dell'orologio a muro o l'orologio a pendolo. Non tutti i tatuaggi dell'orologio però sono legati alla prigione.

<u>Carte da gioco</u> Le carte da gioco, o semi del mazzo in generale, di solito indicano un detenuto a cui piace scommettere. Questo vale per i giochi d'azzardo sia in carcere che fuori; può anche rappresentare una persona che generalmente considera la vita come un gioco d'azzardo.

<u>A.C.A.B.</u> Questo acronimo si trova comunemente sui corpi dei prigionieri britannici e sta per "All Cops Are Bastards". Alcuni sostengono che A.C.A.B. sta anche per "Always Carry A Bible," "Porta sempre una Bibbia", ma si ritiene che siano persone che si pentono della loro decisione sul tatuaggio. Spesso trovato sulle nocche.

<u>EWMN</u> "Evil, Wicked, Mean, Nasty". Queste lettere simboleggiano "Malvagità e cattiveria" . Non avendo alcuna affiliazione particolare con nessuna banda, rappresentano semplicemente la disposizione generale di alcuni detenuti. Tipicamente trovati sulle nocche, questi tipi di tatuaggi furono resi popolari nel 1955 da Robert Mitchum in "La notte del cacciatore". Il suo personaggio sociopatico predicatore aveva le parole "amore" e "odio" tatuate sulle nocche di ogni mano.

<u>Croce sul petto</u> Particolarmente usato nelle prigioni russe, i tatuaggi sul torace simboleggiano il "Principe dei ladri". Questo è il grado

più alto che un detenuto russo può ottenere e generalmente viene indossato dai capi. Le prigioni russe hanno una storia unica e intricata di tatuaggi carcerari, ognuno con il proprio significato unico. Un altro esempio sono le campane, che simboleggiano la libertà, o una tigre sul petto simboleggia l'aggressione nei confronti della polizia.

E' interessante la classificazione dei tatuaggi nella sottocultura criminale di De Luca[51] che è divisa in tre tipologie e che dà una collocazione nell'interpretazione dei tatuaggi nei singoli contesti.

Tatuaggi specifici

Sono tatuaggi che identificano immediatamente il soggetto portatore come appartenente al a una specifica banda o organizzazione criminale, senza possibilità di interpretazioni alternative.

Oltre all'appartenenza, il tatuaggio può indicare anche il grado all'interno del gruppo, o le mansioni, o delle particolari qualità che caratterizzano il soggetto o possono essere specifici solo dell'etnia del portatore.

Tatuaggi non specifici

Sono tatuaggi non collegati all'appartenenza a una specifica banda o gruppo criminale, ma comunque hanno un significato legato all'appartenenza alla sottocultura criminale. Il soggetto si fa questi tatuaggi per dimostrare forza, potenza, spavalderia, coraggio e/o propensione a un certo tipo di attività criminale.

Tatuaggi dalle tematiche antisociali

Tatuaggi che contengono disegni di temi o immagini che veicolano messaggi ostili e/o aggressivi contro altri individui, gruppi o la società in generale. Immagini aggressive, volgari o demoniache.

---

[51] R. De Luca, C. Macrì, B. Zoli – Anatomia del crimine in Italia. Manuale di criminologia. Giuffrè Editore, Milano, 2013.

Slang

Lo slang come mezzo di comunicazione verbale è tipico delle street gang e delle organizzazioni criminali. L'uso di terminologia non comune permette di non essere identificati, o descrivere apertamente un'azione criminale o un oggetto di azione criminale. I membri trovano molti modi per dire la stessa cosa. Il vocabolario può essere ampio e confuso soprattutto perché a volte la terminologia viene cambiata per non essere più compresa. Lo slang è in continua evoluzione e varia anche da un'area all'altra del Paese.

Ad esempio cocaina viene chiamata "crumbs", dall'inglese briciole. Oppure ancora "up on it" che sta a significare il buon esito di una consegna di partita di droga. O ancora #50 indica la polizia.

Il libro delle Gang, chiamato "Bible, The gang book of knowledge", rivela dalla A alla Z il loro gergo in cui, per esempio, un biscotto è una pistola e un gomito una libbra di droga.

Qui di seguito alcune significative decodifiche:

12 riferito ai Poliziotti
13 tipicamente usata dalle gang ispaniche del sud della California
13 usata dai Outlaw Bikers per chiamare la Marijuana
14 tipicamente usata dalle gang ispaniche Nuestra Familia
360 tipicamente usata dalle gang Folk and People Nation.
74G/D = Gangster Disciples ogni numero corrisponde ad una lettera
2/7/14B/D/N = Black Disciples Nation ogni numero corrisponde ad una lettera
2/7/4/14B/G/D/N = Black Gangster Disciple Nation ogni numero corrisponde ad una lettera
5-0 Police/Sheriff
167 indica uccidere qualcuno - To kill someone- di solito usato nei graffiti
424 Death Before Dishonor ogni numero corrisponde ad una lettera
666 usata da Outlaw Bikers per "Mark of Satan"
666 usata da Aryan Brotherhood.
9 Mike pistola 9 mm

C/A: Nuestra Familia Gang
CCN: Crazy Crip Nation
Catch a Play: Drug Deal
Christina Aguilera: Powder Cocaine (soft white girl)
CK: Crip Killer
Code Red: Enemey Alert...Blood Up Its Time To Go To War.
Drop: Cocaina ottima Higher Grade
Eight Ball: 1/8 di Oncia di cocaina
Foot Soldier Gang: il rango più basso nella gang
Fried: quando un cellulare è confiscato durante una perquisizione
FTL: Fuck The Law
FTP: Fuck The Police
FTW: Fuck The World
Gang Banging: indica chi è invischiato con le attività della gang
Gas: riferito alla Marijuana
KOS: Kill-on-Sight
KSWYSS Kill Slobs When You See Some
Loud: riferito alla Marijuana

Decodificare i messaggi

Le Gang usano tipi di comunicazione in codice già noti ma a volte di difficile comprensione e decodifica. Di seguito sono riportati alcuni esempi dei diversi tipi di codici delle gang. Non esiste un limite al numero di tipi di codici perché possono essere creati in qualsiasi momento in qualsiasi stile utilizzando segni, simboli, numeri, lettere, ecc. Le forze dell'ordine considerano ogni messaggio in codice come sensibile di attenzione e studiato per la non facile decodifica. Se un messaggio è scritto in codice vuol dire che solo il destinatario sia in grado di leggerlo, ma con attenzione si può risalire all'intenzione ed alla decodifica dello stesso.

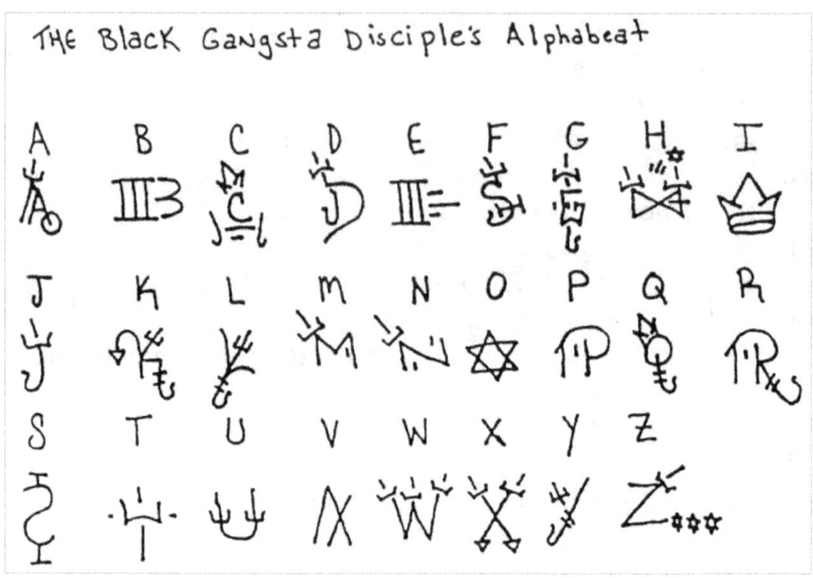

Spesso è usato il Cifrario Massonico che utilizza due schemi di tris e due X per rappresentare le lettere dell'alfabeto. Le lettere sono codificate usando i modelli formati dalle linee e dai punti che si intersecano

A	B	C	J	K	L
D	E	F	M	N	O
G	H	I	P	Q	R

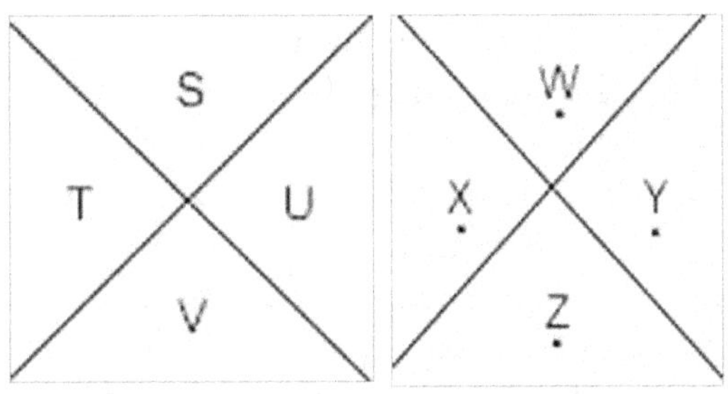

O il Cifrario Tic-Tac-Toe una variante del codice massonico usato per crittografare i numeri è la cifra tic-tac-toe. Usando questo modello, ogni numero può essere codificato con il carattere formato dalle linee intersecanti che circondano ciascun numero. Lo 0 è cifrato usando una X.

1	2	3
4	5	6
7	8	9

Social media

La tecnologia ha reso più facile per le bande di pianificare e svolgere le loro attività criminali. Sulle piattaforme digitali gli affiliati si comportano esattamente come si comportano per la strada: minacciano, intimidiscono, ricattano, gestiscono traffici di droga, persone, armi e molto altro, attirando l'attenzione su di se non solo dai semplici utenti. L'uso delle tecnologie e dei social media è aumentato significativamente negli ultimi anni. Piattaforme di Social come Twitter, Facebook e YouTube, sono diventate il modo più immediato ed efficace a supporto delle attività che siano esse di pianificazione o di azione della gang.

Le piattaforme utilizzate come applicazioni sugli Smartphone vengono utilizzate anche per il reclutamento di nuovi affiliati, il reclutamento di ragazzi e ragazze per la prostituzione, per la comunicazione tra i vari membri, targeting dei gruppi rivali, per l'avanzamento attività criminali e ostacolare l'applicazione della legge o comunque essere riconosciuti. Le minacce arrivano attraverso video su YouTube, la faccia del più "forte" appare in una foto di un post, così come una vittima, o ancora le azioni che stanno per avvenire anticipate in un Twitter.

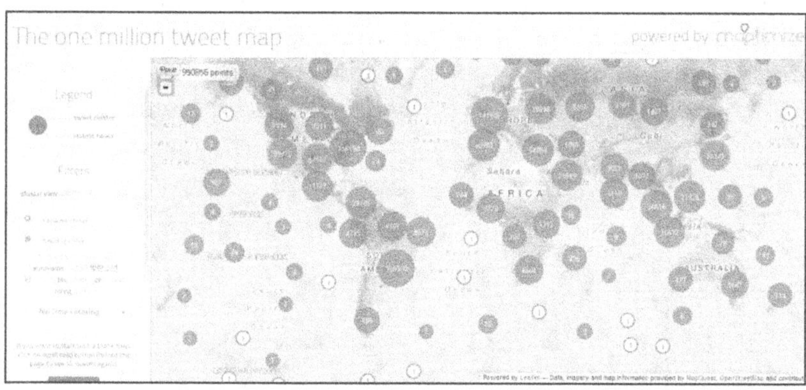

Le forze dell'ordine, soprattutto le unità che sono dedicate al contrasto e prevenzione delle Gang, analizzano quotidianamente una massiccia mole di dati che spesso non riesce ad individuare il gruppo od il singolo dietro il quale opera. Il graffito e il tatuaggio o il linguaggio in codice nella realtà è più semplice da individuare, ma sul web diventa complicato. L'utilizzo di attività di OSINT, Open Source Intelligence, è possibile collezionare dati a supporto delle azioni investigative specifiche.

Prendiamo ad esempio Twitter. Collegandosi sul web http://onemilliontweetmap.com si possono impostare delle ricerche attraverso un hashtag, il nickname, la zona di interesse per vedere sulla mappa esattamente quanti utenti sono legati tra loro e la localizzazione utilizzando il Network Analysis.

Per individuare un "tag" nel gergo di internet un supporto arriva da siti che permettono di conoscere lo Slang di Internet. Termini nuovi per indicare qualcosa con un linguaggio cibernetico non conosciuto da molti che possono essere individuati con l'aiuto di questo sito web: https://www.internetslang.com/

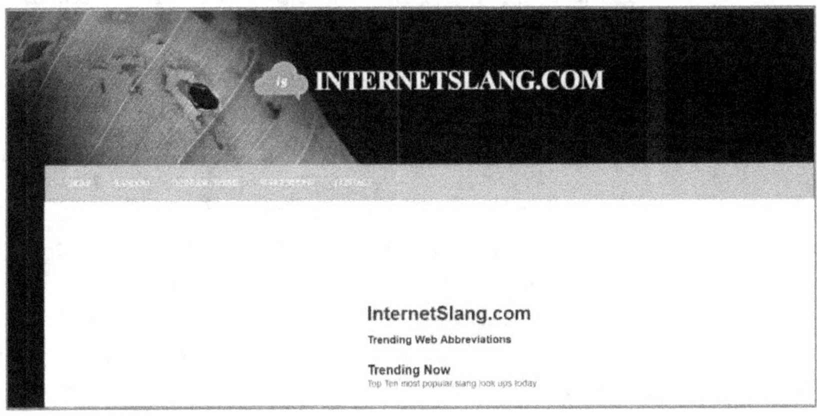

Quindi si collezionano i dati, si analizzano i dati Geo-spaziali, le coordinate per semplicità, si analizzano le connessioni attraverso la lista dei Followers e dei Like dei post per poter avere la connessione di un certo tipo di individui e legarli poi ad un certo tipo di contenuto del post. Attualmente si stanno sperimentando software "ad hoc" con il supporto di alcuni studi di ricerca di alcune Università come la Wright State University che dal 2015 sta sperimentando una piattaforma capace di incrociare questo tipo di dati e di collegarli a ragazzi affiliati alle gang ed al territorio di appartenenza. Le forze dell'ordine specializzate in questo tipo di analisi cercano di isolare la traccia, l'impronta "cyber", ma è difficile e lungo, a volte, riuscire a ricreare i collegamenti tra messaggistica, persone e attività. Il collegamento primario comunque resta la strada luogo in cui chi gestisce di solito vuole mantenere il suo status di leader e dove poi materialmente la maggior parte dei crimini si attua. Prendendo in esame, per esempio, un affiliato all'interno di una prigione, per quanto il possesso di un cellulare in carcere sia un reato, si riesce a risalire alla cellula primaria fino ad arrivare a costruire la rete di connessioni al di fuori della struttura. Tuttavia l'investigazione si complica in presenza di messaggistica flash che lascia i messaggi disponibili solo per qualche secondo, giusto il tempo di essere letti.

Non mancano comunque alcuni post espliciti sui social media, con i quali alcuni membri della Gang ricevono gli ordini. Diversi hashtag sono stati collegati alle Gang per incoraggiare le ritorsioni contro le forze dell'ordine, tra cui #ShootThePolice, #BlueLivesDontMatter e #MoreDeadCops, e molti altri contenenti un linguaggio violento ed esplicito. Oltre ai più conosciuti sistemi di messaggistica e Social Media negli USA sono molto conosciuti ed usate altre applicazioni.

Kik Instant Messenger è un'applicazione di comunicazione interattiva gratuita che consente agli utenti di condividere messaggi di testo, fotografie o video. Mobile Patrol è un'applicazione gratuita di informazione sulla pubblica sicurezza, che invia all'utente importanti informazioni sulla sicurezza, notizie e avvisi importanti. Gli utenti possono ricevere avvisi sul traffico, condividere suggerimenti sulla criminalità e accedere alle informazioni sui bambini scomparsi e le molestie sessuali. Rounds è un'applicazione gratuita che consente agli utenti di condividere i video in simultanea con un massimo di 12 amici. Snapchat è un'applicazione di condivisione multimediale gratuita che consente agli utenti di prendere un'immagine o un video, aggiungi una didascalia di testo e invialo a un amico. La foto o il video verrà automaticamente eliminato dal server una volta visualizzato, ma il destinatario può scattare una foto alla schermata e salvare i file multimediali sul proprio telefono.

La funzione dei Social Media all'interno delle Gang è importante anche per poter controllare le attività degli affiliati poiché rendono immediato il modo di comunicare, per esempio l'arrivo della polizia o controllare la fedeltà del singolo al gruppo. All'interno della Gang di solito è istituito un codice di condotta per l'uso degli Smartphone per esempio essere obbligati a rendere visibile la geolocalizzazione del dispositivo soprattutto quando l'affiliato è in possesso di merci oggetto di traffico di valore; in questo modo la sua missione sarà monitorata passo dopo passo fino alla consegna del denaro.

CAPITOLO CINQUE

STREET GANG LOCALI E NAZIONALI

Le strade dei quartieri sono i luoghi in cui si formano le aggregazioni primarie di giovani. La rete originaria del fenomeno, oramai transazionale, parte dalle città creando così un territorio "Locale" dal quale le Gang si distribuiscono poi a livello "Nazionale".

Secondo l'Intelligence, che si occupa di questo fenomeno da anni, i vari tipi di gang perseguono gli stessi obiettivi, fare soldi commettendo crimini, ma la differenza sta nel Modus Operandi che viene influenzato dall'ambiente in cui i ragazzi vivono ed alle regole a cui sono legati. Le gang che operano essenzialmente per strada saranno quindi diverse nel modo di delinquere rispetto alle Prison Gang e alle Gang di Motociclisti e viceversa, per il fatto che i ragazzi che operano per strada, molto giovani, diventano veri e propri soldati all'interno o al servizio di gang più anziane e più strutturate. Resta però il fatto che tutte le tipologie di Gang restano una minaccia alla sicurezza dell'intero Paese attraverso la fitta rete di guerre, alleanze, spartizione di territori e di traffici.

Le città storicamente più note in cui il fenomeno è più diffuso o comunque più conosciuto rimangono New York, Chicago, Baltimora, Detroit, Los Angeles, Washington, in cui le nuove generazioni sembrano essere la rappresentazione del vecchio e nuovo Crimine Organizzato, con una gerarchia ben strutturata all'interno della quale vigono autorità e potere. Il codice etico per tutte le attività criminali, a partire dalla gestione della prostituzione ed i traffici di droga, vengono gestite in maniera "ordinata e precisa" utilizzando anche metodi violenti dai giovani affiliati. In effetti, personaggi noti già menzionati all'origine, erano giovani immigrati Italiani, Ebrei, Irlandesi che con grandi aspirazioni di cambiamento avevano iniziato la loro carriera criminale per le strade di New York, Boston e Chicago. Solo in un secondo momento, a ridosso degli anni '70 del secolo scorso le Black Gang hanno iniziato ad avere risalto soprattutto in città come Detroit e Chicago, per citarne le più note. Eppure tutto ciò è così attuale, immutato. I ragazzi iniziano con piccoli crimini, i furti in casa, gli scippi, le minacce e le ritorsioni per ottenere denaro, per poi arrivare al sistema più strutturato in cui ognuno ha un compito ben preciso, un budget da raggiungere, per garantire alla gang le fonti di denaro necessarie per acquistare tutto quello che può essere oggetto di traffici.

In cima alla lista come crimini più redditizi ci sono i traffici di droga. Una nota dolente tra le dipendenze più diffuse e più gestite dai criminali, come si assiste ormai da anni nel famoso Esagono d'Oro.[52]

Anche la prostituzione insieme al gioco d'azzardo ha una percentuale molto alta. Perché? Sono attività che danno al giovane una stabilità economica in un tessuto sociale cittadino in cui da alcuni anni la crisi economica non permette un inserimento felice nel mondo del lavoro rendendo possibile un equilibrio socio-economico.

Numero stimato di Gang negli Stati Uniti

Si stima che oltre 1,5 milioni di persone siano membri delle circa 35.000 diverse Gang che operano negli Stati Uniti. Tra queste sono comprese sia quelle a livello nazionale che locale, i club OMG, le Prison Gang, e quelle affiliate alla criminalità organizzata e quelle costituite esclusivamente da gruppi etnici. La maggior parte di queste si è concretizzata nelle principali aree urbane dove ancora oggi prosperano e si contendono il territorio per i propri traffici illeciti.

Secondo un sondaggio effettuato dal National Gang Center negli ultimi dieci anni, le stime annuali del numero di bande sono state in

---

[52] Un'estensione del Triangolo d'Oro formato da Thailandia, Laos e Birmania allargatosi poi a Vietnam, Cambogia e Cina considerati una culla della produzione di eroina ed altri tipi di droghe che poi vengono commercializzate in Giappone, America del Nord e Australia.- Tutte le Mafie del Mondo – Aldo Musci.

media circa 27.000 a livello nazionale.

A un calo annuale dal 1996 a un minimo nel 2003, le stime annuali sono in costante aumento fino al 2012. La più recente stima di oltre 30.000 gang rappresenta un aumento del 15 per cento dal 2006 ed è la più alta stima annuale dal 1996.

Distribuzione delle Gang per Tipo di Zona

La distribuzione delle Gang per Tipo di Zona è così suddivisa[53]

Le grandi città e contee suburbane restano le zone primarie di azione delle bande, che rappresentano circa i due terzi a livello nazionale americano, circa il 42%. Le città più piccole rappresentano solo il 27 per cento, le contee rurali rappresentano poco più del 5 per cento.

Qui di seguito una mappa interattiva della città di New York con la quale, selezionando il nome di una gang, si può avere la sua localizzazione.[54]

---

[53] Fonte FBI 2015.

[54] http://interactive.nydailynews.com/2015/12/gang-of-new-york-city-interactive-map/index.htm.

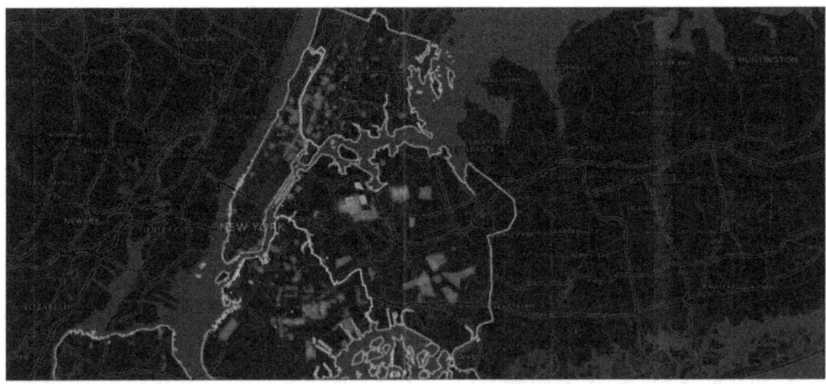

Pensando ai tanti anni trascorsi dai primi gruppi, e ai numeri relativamente contenuti per l'epoca, il fenomeno oggi ha avuto un'espansione impressionante. Secondo le fonti delle Forze di Polizia e le maggiori agenzie che investigano su questo fenomeno, si contano nel territorio degli Stati Uniti più di 33 mila gang con oltre 1 milione e 400 mila affiliati. Fenomeno che non tenderà a fermarsi, anzi, si stima che con l'arrivo di continui flussi di immigrati da ogni parte del mondo, il fenomeno si allargherà ulteriormente.

Distribuzione delle Gang per Etnia

La distribuzione delle Gang per Tipo di Etnia è così suddivisa.
Le grandi città hanno un 39% di presenza di Gang di etnia Nera, il 45% di Ispanici, il 9,7% di Gang di Bianchi ed un 5% composto di Gang di Asiatici.
Le contee suburbane un 32,7% di presenza di Gang di etnia Nera, il 51% di Ispanici, il 9,1% di Gang di Bianchi ed un 7,2% composto di Gang di Asiatici.
Le città più piccole il 20,3% di presenza di Gang di etnia Nera, il 53,8% di Ispanici, il 14,6% di Gang di Bianchi ed un 11,3% composto di Gang di Asiatici.
Le città rurali il 56,8% di presenza di Gang di etnia Nera, il 24,8% di Ispanici, il 14,9% di Gang di Bianchi ed un 3,4% composto di Gang di Asiatici.

Le principali Street Gang presenti negli Stati Uniti d'America

Sicuramente la maggior parte delle Street gang più note formatesi negli ultimi decenni del secolo scorso hanno avuto maggior distribuzione a Chicago e Los Angeles e successivamente si sono distribuite sul territori americano attraverso migrazioni interne. Anche città come Detroit, Camden in New Jersey, o Oklahoma City, registrano un incremento delle aggregazioni e dei crimini legati ad esse a dimostrazione di come la distribuzione delle gang segue purtroppo il declino socio-economico di un territorio ed un'importazioni di affiliazioni alle Street Gang più conosciute sviluppatesi proprio a Chicago e Los Angeles in tempi più moderni rispetto alle storiche aggregazioni di New York City.
Così come assumono importanza e potere sul territorio aggregazioni ibride, le così dette "unioni etniche", già fondamentali in passato per il rafforzamento dell'egemonia economico-territoriale come visto nelle gang originarie di New York.

Chicago Based

La Chicago Crime Commission sostiene che Chicago ha più membri rispetto a qualsiasi altra città negli Stati Uniti: 150.000. con 532 omicidi nel 2012, tuttavia nel 2013 ha visto una diminuzione di 413 omicidi. Non tutti gli omicidi sono legati alle bande, ma il Dipartimento di Polizia di Chicago afferma che l'80% di tutte le sparatorie e gli omicidi nella città sono legati alle gang, il che significa che la maggior parte delle violenze nella città sono violenze da bande e bande.
Queste bande sono emerse nei primi anni 1960 e hanno due alleanze principali: People Nazione e Folk Nation. La People Nation e la Folk Nation non sono bande - sono alleanze in base alle quali si alleano le principali gang presenti su quel territorio. La maggior parte delle principali Gang includono:

People Nation

- Black P-Stone
- Latin Kings
- Vice lords
- Brown Pride Locos
- Four Corner Hustlers

Folk Nation

- Black Gangster Disciples
- Black Disciples
- Gangster Disciples
- La Raza
- Latin Disciples
- Maniac Latin Disciples
- Spanish Gangsters
- Two Sixers

LA Based - Los Angeles (LA)

Soprannominata la "Capitale delle Gang" la città ha una presenza di circa 120.000 affiliati alle street gang soprattutto di etnia Ispanica.
I Bloods e i Crips sono probabilmente quelle più ampiamente riconosciute in America a causa importanza mediatica che hanno ricevuto nel 1980. Questi gruppi sono emigrati in tutto il Paese e sono presenti nella maggior parte degli Stati e anche tra la popolazione carceraria. Esistono centinaia di gruppi o di singole bande sotto i Bloods e i Crips e la Mafia messicana.

- Bloods
- Crips
- Sureños
- Norteños
- MS-13

Gruppi della Supremazia [55] - si basano sulla supremazia razziale ed essenzialmente sono gruppi neo-nazisti. Ci sono neri e razze bianche rappresentate in questo gruppo, tuttavia, il movimento bianco è molto più attivo ed è la minaccia più grande con oltre 300 organizzazioni diverse. Alcuni dei più comuni gruppi includono:

- Ku Klux Klan (many factions)
- American Nazi Party
- Aryan Nations
- The Holy Order or The Order (Bruders Scheweigen)
- The Silent Brotherhood
- White
- White Aryan Resistance
- Church of the Creator
- National Socialist White Peoples' Party
- National Socialist White Workers' Party (NSWWP)
- United White Peoples' Party
- The New Order
- National Democratic Front
- Skinheads
- Aryan Youth Movement
- The American Front
- The Hammerskin Nation

Folk Nation

Il colore della gang varia, ogni singola gang ne ha uno scelto autonomamente.

Tutte le bande appartenenti alla Folk Nation hanno sempre un orientamento politico di "Destra".

Alcuni simboli associati sono una stella a sei punte, una corona a sei punte, piramidi, e un forcone a tre poli. Nei primi anni 1970, David Barksdale e Larry Hoover del Gangster Disciples formano la Folk Nation Black Gangster Disceples in risposta alla formazione del Black P Stone Nation. Durante il 1980, bande di entrambe le

---

[55] Anit-Defamation League, http://www.adl.org/

nazioni hanno cominciato separando alleanze; I BGDs si sono allineati con la Folk Nation nel sistema carcerario dell'Illinois. Alcuni delle principali gang all'interno della Folk Nation sono; Gangster Disciples, Black Disceples, Black Gangster Disciples. La Folk Nation è guidata da Larry Hoover e Jerome "Shorty" Freeman. Barksdale, Hoover, e Freeman sono considerati i tre "re" della Folk Nation. Le gang della Folk Nation si impegnano in traffici di droga e hanno esteso le loro operazioni in tutti gli Stati Uniti.

People Nation

Il colore della gang varia, ogni singola gang ne ha uno scelto autonomamente come per le Folk Nation. Associazioni di colore variano tra le singole bande. Le gang della People Nation hanno orientamento politico di "Sinistra".
Alcuni simboli associati sono una stella a cinque punte, una corona a cinque punte e una mezza luna.
Alla fine del 1960, Jeff Forte di The Black P Stones fondò la Black P Stone Nation che comprendeva decine di bande di Chicago.
Durante gli anni '80, la maggior parte delle bande Black P Stone Nation si associarono creando la People Nation, due alleanze all'interno del sistema carcerario dell'Illinois.
Alcune delle principali bande all'interno della People Nation sono The Black P Stones, Vice Lords, Latin Kings.
Le Gang della People Nation si impegnano in traffici di droga in tutto il territorio statunitense e tra le bande di Chicago insieme alle Folk Nation tendono ad essere più organizzate e strutturate rispetto alle altre bande di strada.

Norteños

Il colore identificativo è il rosso. "Norte" è spagnolo e significa Nord per indicare la California del Nord.

Il numero "14" è anche associato con i nordisti e sta per la lettera "N", quattordicesima lettera dell'alfabeto, che rappresenta l'organizzazione criminale "Nuestra Familia".

Si è formata nel 1969 nella prigione di Stato di San Quintino, come risultato della "shoe murder" quando i detenuti del Nord hanno reagito e hanno attaccato i detenuti de "La Eme" il Giorno dell'Indipendenza del Messico (17 detenuti accoltellati e 1 ucciso).

La gang ha come obiettivo quello della protezione degli ispanici della California del Nord, molti dei quali sono lavoratori immigrati illegali, o detenuti della Mafia messicana.

L'organizzazione criminale Nuestra Familia si impegna nell'attività di spaccio di droga all'interno del sistema carcerario della California, e anche per le strade. La maggior parte delle gang ispaniche del Nord California si associano con quella dei Norteños, ma rivendicano quasi sempre la loro indipendenza.

Crips

Sono una delle più anziane e famigerate bande di strada di Los Angeles. Dopo i piani di espansione nelle periferie contigue

losangeline, la banda è stata coinvolta in casi di omicidio e traffici di droga anche in altre zone degli Stati Uniti d'America, ad esempio a New York. Tradizionalmente i membri, detti *Cuz*, erano in prevalenza afroamericani, ma negli anni recenti la gang si è aperta anche ad altri gruppi etnici.
Gli storici rivali della banda sono: i Bloods, i Chicano ed i Latin Kings.
I Crips furono fondati da Stanley Tookie Williams [56] e Raymond Washington [57] nel 1971. Williams giustificò la fondazione come una

---

[56] Stanley Williams, detto "Tookie" (New Orleans, 29 dicembre 1953 – San Quintino, 13 dicembre 2005), è stato un criminale, attivista e scrittore statunitense. È stato il fondatore, insieme a Raymond Washington, dei Crips, una delle bande di strada di Los Angeles (California) più celebri e famigerate.
Mentre stava nel "braccio della morte" Williams divenne un attivista contro le gang, scrivendo libri indirizzati ai ragazzi di strada, come era stato lui in gioventù. Pochi giorni prima dell'esecuzione il Governatore della California Arnold Schwarzenegger rifiutò di concedere la grazia che rappresentava l'ultima speranza per Williams. Sulla travagliata vita di Williams è stato girato un film biografico nel 2004, con protagonista Jamie Foxx, intitolato Redemption: The Stan Tookie Williams Story.
[57] Raymond Lee Washington (Los Angeles, 14 agosto 1953 – Los Angeles, 9 agosto 1979) è stato un criminale statunitense, fondatore della banda i "Crips", nata in South Los Angeles. Nacque da Violet Samuel e Reginald Washington ed aveva tre fratelli e un fratellastro, poiché la madre si era sposata due volte. Frequentò varie scuole, a causa di diverse espulsioni. Creò la sua prima banda

reazione all'incontrollato dilagare di violenza ingiustificata nei quartieri più poveri di Los Angeles, tuttavia le forze dell'ordine evidenziano invece un incredibile aumento di crimini violenti attribuiti ai membri delle gang, sin dai primi anni dalla fondazione.

Come nella mafia, i membri della gang possono proporre il "put on", l'ingresso nella Gang di nuovi elementi che manifestino i requisiti richiesti dallo stile di vita dei Crips. Al fine di arginare la violenza tra Crips e Bloods, recentemente è stato stretto un accordo di non violenza: il contenuto di questo testo è largamente ispirato agli ideali sostenuti dal fondatore dei Crips, Stanley Tookie Williams, nel suo libro "Tookie Protocol For Peace".

Ai tempi della fondazione della gang, i Crips adottarono il colore blu come segno di riconoscimento, forse con riferimento alla Washington High School, che ha il blu come colore caratteristico. Nel vestiario tipico dei crips si trovano bandana blu, camicia a scacchi blu e scarpe sportive come le British Knights, la sigla della marca "B.K." viene re-interpretata dai Crips come "Bloods Killers", o le Converse "Chuck Taylor" - All Stars. Più recentemente, il colore blu è stato abbandonato, poiché per le forze dell'ordine era diventato facile individuare i membri della gang. Oggi rimane la tendenza a indossare giubbotti e cappelli delle squadre dei college, ma a testimoniare l'appartenenza alle gang sono i tatuaggi.

---

negli anni 1960, la Baby Avenues, insieme a Stanley Williams, il quale in seguito dichiarò che il gruppo era nato per rendere maggiormente sicuri i loro quartieri e per difenderli dalle bande più pericolose, scopo che doveva essere raggiunto, inizialmente, senza l'utilizzo di armi da fuoco. Nel 1971 nacquero i Crips. Nel 1973, Washington fu arrestato per furto e condannato a cinque anni da scontare nel Deuel Vocational Institution di Tracy, in California. Fu rilasciato alla fine degli anni 1970 e tornò a Los Angeles, dove i Crips erano diventati molto più influenti e venivano spesso coinvolti in scontri a fuoco. In seguito Washington dichiarò di essere rimasto deluso dall'involuzione che aveva intrapreso il gruppo. Washington fu ucciso all'età di 25 anni, in una sparatoria tra auto in corsa, quando non aveva più nessun contatto con la banda.

Esempi di cappelli da Baseball come simbolo di appartenenza:

- Il cappello degli 80's Houston Astros con la "H" e la stella è indossato dagli Hoover Crips.
- Il cappello dei San Francisco Giants con la "SF" è indossato dai 74th Street Crips o Seven-Four.
- Il cappello dei San Diego Padres con la "SD" è indossato dai 62nd Street Crips o Six-Duece.
- Il cappello dei Chicago Cubs con la lettera "C" è indossato da tutti i Crips.
- Il cappello dei Los Angeles Dodgers risulta molto popolare grazie al colore.
- Il cappello dei Michigan Wolverines con la lettera "M" è indossato dai Main Street Gangster Crips.
- Il cappello dei Brooklyn Dodgers con la lettera "B" è indossato dai Broadway Gangster Crips.

Il primo nome della gang, "Avenue Babies", fu poi modificato in "Cribs" o "Cribs Street", riferito al nome della strada, perché "babies" non si addiceva più all'età media dei membri. Il termine "Crips" venne usato per la prima volta dal giornale "Los Angeles Sentinel" in un articolo di cronaca sulla criminalità giovanile. Sul significato e l'origine della parola "Crips", vengono date diverse interpretazioni da chi ha assistito alla nascita della gang. Ad esempio:

- C.R.I.P.: Community (o California) Revolution In Progress;
- C.R.I.P.: Community Resources for an Independent People.

Eppure resta sempre il marchio originale Crib, culla, perché i suoi affiliati entrano nella gang anche a 10 anni di età.
I membri delle Crips negli Stati Uniti sono americani principalmente afro. Tuttavia, nella zona del Maryland e Virginia ci sono diversi casi di membri di razza caucasica e asiatica. In genere, i membri sono costituiti da ragazzi adolescenti fino a giovani uomini di massimo venticinque anni. Nei gruppi Crips più altamente organizzati, gli uomini possono mantenere la posizione di leadership tra i 20 fino ai primi 30 anni. Sono considerate tra le street gang più violente per

proteggere gli affari ed i traffici di droga sui loro territori dalle bande rivali.

Sureños

Alla gang è associato il blu ed il suffisso "SUR" che in spagnolo sta per il Sud ed indica il Sud California.

Il numero "13" è anche associato ai sudisti e corrisponde alla lettera "M", tredicesima lettera dell'alfabeto. La "M" rappresenta la "Mafia messicana" o "La Eme" potente organizzazione criminale. La gang Sureños nasce da un conflitto in carcere tra la Mafia messicana e l'organizzazione Nuestra Familia.

La Mafia messicana ha iniziato nei primi anni 1950 al Duel, un centro correzionale di Tracy in California con l'associazione di tredici giovani di East Los Angeles, tra cui Rudy Cadena, Joseph Morgan, Armando Mendoza, Carlos Ortega, con il compito di protezione per chi ne avesse avuto bisogno, su richiesta e ovviamente a pagamento.

Successivamente ha acquisito il controllo di una gran parte del mercato della droga nel sistema carcerario della California.

La Mafia messicana s'impegna nella produzione e distribuzione di metanfetamine lungo la costa occidentale.

I Sureños è in effetti un'organizzazione di diverse bande di strada formata da ispanici, molti dei quali hanno una presenza a livello nazionale. Sureños è un termine che descrive la fedeltà di una gang con la Mafia messicana e altre bande ispaniche del Sud California. Street gang come Mara Salvatrucha 13, SUR 13, 18th Street e South Side Locos sono tutti esempi di Sureños bande attive anche in Maryland, Virginia e Washington DC.

I Sureños sono centinaia di migliaia a livello nazionale ed sono composte essenzialmente da maschi ispanici di età compresa tra i 13 ei 28 anni. Negli ultimi anni la presenza femminile è aumentata, così come il reclutamento dei bambini delle scuole elementari.

18th Street

La 18th Street è una gang ispanica con una presenza nazionale. La banda è organizzata da gruppi liberamente organizzati e con la supervisione limitata da una struttura gerarchica molto disorganizzata. Ogni gang è guidata da un leader indipendente che è influente solo all'interno di una specifica comunità.

I membri della gang sono attivi nella distribuzione di sostanze stupefacenti, cocaina e marijuana, e sono famosi per i furti d'auto, sparatorie, estorsioni, omicidi, falsificazione di documenti e altri atti criminali. La gang Mara Salvatrucha (MS-13) è il loro rivale più comune.

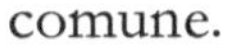

I colori identificativi sono il bianco e il nero, anche se alcune gang specifiche continuano a usare i colori della gang Sureños, blu e bianco.

Ogni membro della banda ha un certo numero di tatuaggi sul suo corpo, i più comuni dei quali sono "XVIII" e "666". Il tatuaggio può apparire in qualsiasi parte del corpo, ma alcuni membri si coprono completamente come segno di riconoscimento e dedizione.

Costituita a Los Angeles, negli anni '60, si stima che ad oggi i membri possano essere dai 30.000 ai 50.000 la cui presenza è molto diffusa a livello nazionale. Altre bande più individuali possono contare membri tra i venti a diverse centinaia. I membri sono prevalentemente di origine ispanica di prima generazione e da cittadini

americani o immigrati clandestini provenienti dal Messico e l'America Centrale. Alcune fazioni reclutano asiatici, caucasici e afro-americani.

Conosciuto come "Esercito dei bambini", la gang è ben nota per il reclutamento di bambini in età scolare, elementare e media. I membri hanno un'età compresa tra i 12 e i 28 anni di età. I suoi membri devono seguire una rigida serie di regole è sono proibiti l'uso di cocaina, crack e altre droghe pesanti. Il rifiuto di seguire qualsiasi regola o un fallimento nell'esecuzione di ordini da parte di un membro anziano spesso si traduce nella morte dell'affiliato.

Black Guerilla Family BGF

La Black Guerilla Family, BGF, originariamente conosciuta come la famiglia Black e Black Vanguard, è un'influente banda carceraria afro-americana attiva in California e nel Maryland. Dalla sua costituzione, nel San Quentin State Prison in California, nel 1966, la BGF si è sviluppata in una banda molto organizzata che assomiglia ad un'organizzazione paramilitare.

I membri della BGF sono molto influenti all'interno del sistema carcerario e sono noti per assumere personale carcerario addetto alle funzioni correttive per aiutare le loro attività illegali. Inoltre, BGF è attivamente coinvolta nel traffico di droga, estorsioni e crimini violenti all'interno del sistema carcerario. La vendita di cocaina e marijuana rappresenta la maggior parte del reddito della banda. Alleanze note del BGF sono la Nuestra Familia e Dead Man Incorporated.

Gli identificatori più comuni per i membri della BGF e la sua attività includono tatuaggi e graffiti di un drago che circonda una torre della prigione. Tuttavia, gli indicatori più evidenti sono le iniziali "BGF" e tatuaggi raffiguranti i numeri 2-7-6, che numericamente corrispondono alle lettere BGF dell'alfabeto.

La BGF è una gang tutta afro-americana. Mentre la maggioranza dei membri e senior leadership risiede in diversi sistemi carcerari, la BGF ha una presenza sempre più importante anche nelle strade. I membri della BGF sono di tutte le età, con il gruppo di vertice in genere con più di 30 anni di età. L'organizzazione è strutturata secondo linee guida paramilitari. Un alto comitato centrale presiede l'intera organizzazione. Ogni unità è guidata da un leader supremo. Altri incarichi all'interno del gruppo sono rappresentati da ranghi militari tradizionali, come i generali sul campo, capitani, tenenti e soldati semplici. La BGF segue un codice interno rigoroso di etica e i membri hanno l'obbligo di un giuramento di fedeltà.

Bloods

La gang Bloods nasce nelle strade di Los Angeles nel 1970 come risposta alle Crips. Nel 1980, spinte dai profitti dalla distribuzione di cocaina e crack, le file dei Bloods, ormai piene di affiliate, indussero molti membri a migrare verso altre città per creare nuovi mercati. La glorificazione della "vita da gangster" attraverso film come "Colors" ha inoltre incoraggiato i giovani in tutto il paese per emulare la cultura dei Bloods, i loro simboli e i loro colori.

I Bloods sulla costa orientale sono spesso indicati come il Sangue degli Stati Uniti, UBN. United Blood Nation. La UBN è stata fondata dai detenuti afro-americani nel Dipartimento Correzionale di New York City nel 1993 per proteggersi dagli attacchi da parte di bande carcerarie di origine latino-americana. Nelle regioni medio-atlantiche, l'UBN è organizzata in un'associazione di bande di strada più piccole. Le gang dell'UBN sono più attive nel nord-est e nelle regioni medio-atlantiche.

Mentre vi è una certa affinità culturale tra i Bloods di Los Angeles e l'UBN, la loro struttura e la filosofia sono diverse e operano indipendentemente l'uno dall'altro. Seguono la "cultura" della gang Bloods in termini di colori, vestiti, tatuaggi, tuttavia la loro composizione e le attività criminali sono principalmente locali. Inoltre, l'UBN tende ad essere più organizzata rispetto ai Bloods di Los Angeles.

All'interno dell'UBN condividono una filosofia globale, un giuramento, una preghiera, una canzone, un motto, un concetto di guerra, e 31 regole comuni. In generale le UBN tendono anche ad essere più multirazziali. I Bloods in Maryland e Virginia sono in genere bande indipendenti, anche se i membri possono conoscere o essere correlate ai Bloods in altri Stati. La maggior parte dei gruppi in Maryland e Virginia dei Bloods ha una linea di comunicazione con le UBN New York/New Jersey. C'è una considerevole evidenza di legami con i membri Bloods del New Jersey e New York in complessi abitativi, dove queste bande sono attive. Alcune famiglie si spostano dal NJ/NY per allontanarsi da attività di gruppo, ma finiscono per portare i giovani che poi si identificano con queste bande della zona. I membri si riconoscono per l'utilizzo ricorrente del colore rosso nel loro abbigliamento: bandane, camicie, scarpe; il simbolo di riconoscimento della gang è la lettera B formata con le dita e la parola "Blood", formata utilizzando entrambe le mani. I Bloods contano al loro interno diversi sotto gruppi, chiamati "sets" o "tres", trays, che si differenziano fra loro per i colori dei vestiti e le attività praticate. Fin dalla loro nascita, i Bloods si sono estesi per tutti gli Stati Uniti e sono arrivati anche in paesi europei come l'Inghilterra, la Francia, la Germania e l'Italia. Gli identificatori più comuni per i membri del sangue includono i colori, l'abbigliamento, i simboli, gioielli, tatuaggi e graffiti. Di norma, creano graffiti raffiguranti a testa in giù i simboli di bande rivali. Un simbolo comune Bloods è una stella a cinque punte o una rappresentazione variabile del numero cinque. Membri della gang spesso indossano collane fatte a mano formate da perline rosse. La maggioranza dei membri Bloods sono americani africani maschi, anche se alcuni gruppi sono famosi nel reclutare membri femminili e membri di altre razze ed etnie. I membri variano in età dall'adolescenza a 20 anni.

Dead Man Incorporated

Dead Man, Inc., DMI, è la terza più grande banda in Maryland, è stata fondata nel 1990 all'interno del Sistema Penitenziario del Maryland. I fondatori avevano molte delle stesse convinzioni anti-religiose e anti-governative come i Black Guerrilla Family.

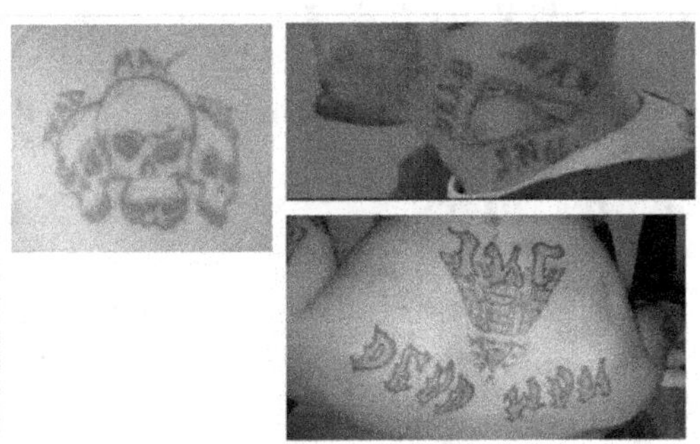

Mentre la banda ha guadagnato in popolarità e influenza, alcuni dei suoi membri sono stati trasferiti in strutture correzionali in Texas e Louisiana, nel tentativo di emarginare il gruppo. Purtroppo, questi trasferimenti hanno determinato un ampliamento della banda in quelle aree, come pure nel Maryland.

La DMI ora ha circa 10.000 membri a livello nazionale. Anche se i membri DMI sono in gran parte situati in istituti penitenziari, l'attuale dirigenza sta spingendo per un aumento di membri per le strade.

La più grande concentrazione di membri DMI di fuori delle prigioni è Baltimora City, Maryland. I membri della DMI spesso mostrano un tatuaggio omonimo sul petto, collo, schiena, o di altre aree del loro corpo.

Questi tatuaggi possono anche rappresentare tre teschi adiacenti, il nome del loro gruppo, la piramide illuminata o 4,13,9 che sono le lettere numeriche per DMI secondo l'alfabeto. La DMI era originariamente una banda completamente composta da bianchi. La banda ha visto di recente un aumento dei membri non-bianchi dai leader di basso livello. Nel 2009, i senior leadership hanno scoraggiato l'ulteriore reclutamento di non caucasici. Sono comunemente noti come "Dawgs", DMI contro il governo mondiale. L'appartenenza è ottenuta attraverso un formale processo di richiesta scritta. Le nuove reclute hanno comunque un periodo di prova. Tutti i membri sono sottoposti a un'indagine. I membri sono tenuti a un rigoroso codice scritto; le conseguenze di violazioni di tale codice sono fatali.

La banda segue una struttura paramilitare. I Comandanti Supremi sono al vertice della gerarchia. Ogni funzione correttiva con i membri del DMI è indicata come una "unità", in ordine decrescente di potenza, da un comandante, un tenente, un campo generale, un sergente alle armi e un ufficiale della finanza.

Gangster Disciples

The Gangster Disciples è una gang afro-americana con presenza nazionale. Negli ultimi decenni è diventata una delle quattro gang più violente di Chicago. I Gangster Disciples sono noti per essere attivi in 35 stati e per la distribuzione di stupefacenti e reati dei colletti bianchi[58].

Il simbolismo gioca un ruolo importante nella cultura della Gangster Disciples. Il simbolo primario è una stella a sei punte. Simile alla stella di David, l'intento di questo simbolo è di onorare il fondatore David Barksdale. I rispettivi punti della stella rappresentano ciascuno Vita, Amore, Fedeltà, Saggezza, Conoscenza e

---

[58] Un membro dei "Gangster Disciples" ha confessato che la gang guadagna circa trecento milioni di dollari all'anno dalla droga (in gran parte cocaina) e ha ormai un ventimila membri sparsi in più di sessanta città in più di venti stati: una vera e propria corporation. Il giro di affari viene diretto da Larry Hoover, detto "Chairman", dalla cella in cui sta scontando la condanna a duecento anni di carcere, e ricicla i soldi sporchi tramite associazioni umanitarie ad hoc come "Save The Children" (il cui statuto proclama, con un certo senso dello humour, di voler tenere i ragazzi dei quartieri poveri alla larga dalle gang).

Comprensione.

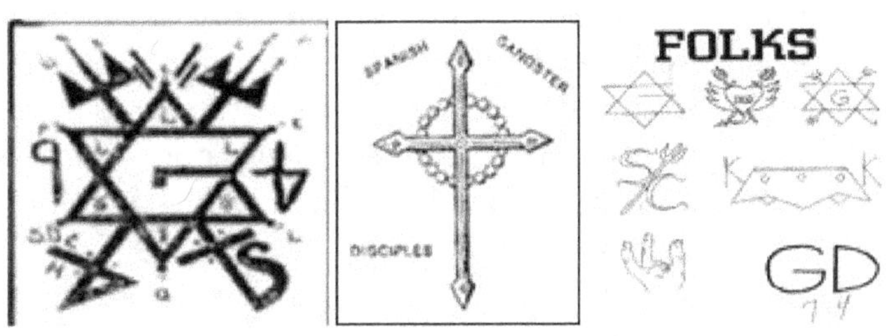

Un paio di forconi a tre punte è anche un simbolo comunemente associato con il Gangster Disciples. Il totale di sei punti sui forconi è anche lo scopo di assomigliare la stella di David. Anche i Graffiti che contengono un cuore con le ali, la canna di un pastore rovesciata, una piramide rovesciata, o una croce rovesciata sono simboli identificativi del Gangster Disciples. Mentre il blu e nero sono i colori con cui la banda si identifica. La stragrande maggioranza dei Gangster Disciples è di origine afro-americana. C'è un modulo di domanda da compilare e un'indagine di controllo dei precedenti sulla condotta per ogni aspirante socio. Anche se i trasgressori maschi condannati controllano le attività della gang, le femmine non sono escluse e sono spesso trattate come i membri maschi. Entrambi sono chiamati "Fratelli della lotta" e "Sorelle della lotta".
La struttura del Gangster Disciples è nota come una "organizzazione centralizzata autoritaria formale", con codici formali ed una costituzione.

Latin Kings

I Latin Kings è una Street Gang di Chicago e New York. Formata nel 1940 da immigrati portoricani, la banda è costruita attorno al concetto di orgoglio ispanico. I Latin Kings sono ben noti per il loro coinvolgimento in crimini violenti, omicidi e la distribuzione di droghe. La loro principale fonte di reddito è data dalla distribuzione nelle strade di cocaina, eroina e marijuana.

I membri si considerano un'organizzazione basata sulla comunità. Alcuni gruppi hanno formato la loro religione chiamata "Kingdism". Durante questi incontri, i membri possono recitare la promessa del Re Latino, pregando e impegnandosi continuamente a prepararsi a rispondere alla chiamata per il loro re o inca. Questi incontri sono spesso usati dai membri per discutere di ritorsioni contro altre bande. Essi sono noti per usare la chiesa dopo i programmi scolastici per reclutare nuovi membri.

I Latin Kings usano una serie di tatuaggi, graffiti e di altri segni per identificarsi. I simboli più comuni utilizzano il colore nero e oro, le iniziali LK, un leone e una corona a cinque punte. Le cinque punte della corona rappresentano, amore, rispetto, sacrificio, onore e obbedienza. Altri simboli sono collane e rosari di perline con i colori che li rappresentano.

I Latin Kings sono essenzialmente ispanici e Latinos, spesso di Puerto Rico e messicano-americani. L'appartenenza alla Gang è stimata a decine di migliaia di persone e ha una presenza sia sulla strada che in carcere. L'età dei suoi membri varia notevolmente, dai giovani bambini in età scolare a persone tra i 40 ei 50 anni.

Purple City

Purple City è una gang di strada ben consolidata a Baltimora City. La banda è composta da numerosi gruppi sparsi a ovest della città e ad est. La banda è molto attiva nel sistema scolastico ed è conosciuto per la violenza e il tagging. Membri più anziani della gang sono legati alla distribuzione di stupefacenti, in particolare marijuana.

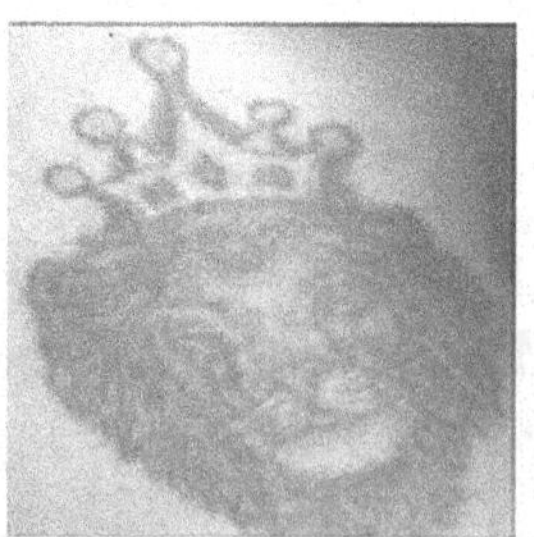

I membri della Purple City utilizzano un numero di identificazione per dichiarare l'appartenenza a bande ed alle relative attività criminali. Il colore ufficiale è il viola, utilizzato quando i membri indossano capi d'abbigliamento e accessori. Gli accessori comprendono lacci per scarpe viola, rosario viola, collane viola e nero o bracciali. I graffiti che utilizzano i Purple City sono composti dal nome della gang o individuo. Acronimi sono utilizzati dalle bande per marcare la loro area di influenza, (PCD) Purple City Dip Set e (PCBG) Purple City Bird Gang.

La Purple City è principalmente composta di giovani afro-americani tra i 10 ei 18 anni di età. La banda ha membri in più di metà della città di Baltimora. I membri anziani della gang sono di età a 20 a 25 anni.

South Side Locos (SSL)

South Side Locos (SSL) è una gang ispanica nazionale che opera negli Stati Uniti. Principale fonte di reddito della banda proviene  dalla distribuzione di cocaina, crack, a livello di vendita al dettaglio, e la piccola distribuzione di altri narcotici. Gli atti criminali commessi dalla banda comprendono vandalismo, graffiti, aggressione, omicidio e la vendita di stupefacenti. SSL è alleata con la mafia messicana. SSL e le rivali di Mara Salvatrucha (MS-13) sono ben noti, sempre in competizione per accaparrarsi nuovi soci e per avere influenza all'interno le stesse comunità.

Colori primari di SSL sono nero e blu, anche se alcune adottano una "flag" dai colori nero, bianco e grigio. Il loro segno più comunemente usato è la lettera "S", seguito dal numero "13", che viene visualizzato in una varietà di modi, tra cui l'alfabeto arabo (13), alfabeto latino (X111), e una miscela dei due (X3). La SSL consiste principalmente di maschi ispanici. Nella zona Virginia e Maryland molte bande sono note per includere anche membri di sesso femminile. L'età degli affiliati va dai 10 anni di età a 28. La SSL è ben nota per il reclutamento di bambini, compresi quelli delle scuole elementari.

Le Street Gang appena descritte sono quelle più conosciute, sentite e rappresentate nei film, nei libri e nelle numerose e sentite canzoni Rap che proprio dalle gang hanno avuto origine.
Quel cantare diverso dal solito, quel parlato veloce pieno di messaggi, di urla di rifiuti e di ribellione. Molta della filmografia ha dato modo di diffondere la cultura delle Gang e dei suoi giovani Gangster che sono diventati un modello da imitare con quelle bandane colorate, le scarpe alla moda, il tatuaggio, che poi farà trend da lì in avanti, i pantaloni calati al sedere che fanno intravedere i nuovi moderni "mutandoni". Tutto sa di una lingua nuova, una vita nuova che accompagna le giovani leve dagli '70 ad oggi.

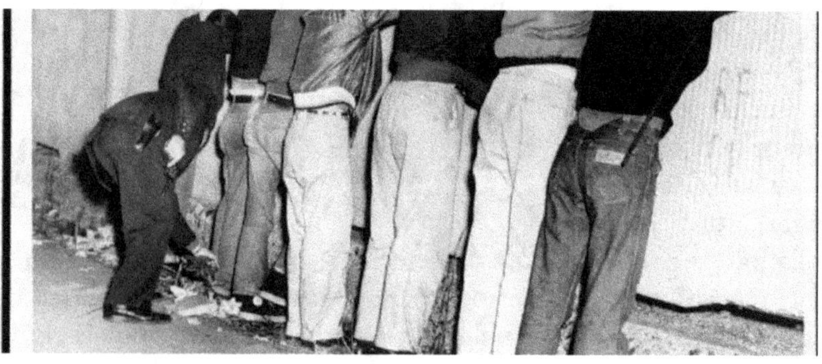

Generazioni a volte ignare del profondo disagio che il movimento modaiolo cela. Quanti ragazzi hanno rovinato le loro esistenze, le gioie e i loro futuri pieni di molte cose da costruire?
La parola "ricorrente", e purtroppo il primo crimine più diffuso e redditizio attraverso il suo traffico, è la droga, insieme al gioco d'azzardo e alla prostituzione. Difficile far fronte a questi tre tipi di dipendenza, legati nella maggior parte dei casi a persone con scarse possibilità economiche, con un livello culturale scolastico e familiare basso. E la criminalità, organizzata e non , lo sa bene dove andare a fare leva. E come? Creando essa stessa le dipendenze. Per il gioco

d'azzardo basta farsi un giro in una sala giochi comune in qualsiasi quartiere dei bassi fondi di una metropoli, dove il gioco d'azzardo clandestino è molto diffuso e pericoloso, o anche in uno dei comuni casinò di nuova generazione dove ogni tipo di persona si reca tentando la fortuna. Per la prostituzione le strade sono piene di esempi e oltre. Pensare che siano dipendenze legate al singolo è errato, gruppi ben organizzati che gestiscono le attività in modo capillare. In questo mondo scuro e complicato, pieno di compromessi e di promesse, una particolare attenzione va fatta a due tipi di Street Gang, che sono tra le più organizzate, diffuse e detentrici del potere nelle strade americane e non solo: MS-13 e le Asian Gang.

MS-13 - Mara Salvatrucha

Nell'ottobre 2012, il Dipartimento del Tesoro degli Stati Uniti ha definito il gruppo MS-13, una "organizzazione criminale transnazionale", la prima designazione del genere per una banda di strada degli Stati Uniti. È, forse, la più nota gang di strada nell'emisfero occidentale. Sebbene abbia le sue origini nei quartieri poveri e abitati dai profughi ispanici degli anni '80 a Los Angeles, la portata della banda ora si estende dalle nazioni centro-americane, come El Salvador[59] e Messico, attraverso gli Stati Uniti e il Canada. Quando scoppiarono le guerre civili che hanno distrutto El Salvador, il Guatemala e il Nicaragua, migliaia di rifugiati si riversarono verso nord oltre i confini del Messico[60] e molti di loro si ritrovarono a Los Angeles, vivendo tra i barrios per lo più messicani

---

[59] In America Latina ci sono tra 25.000 e 50.000 membri Gang in El Salvador dell'America Centrale. I cartelli della droga messicani hanno circa 100.000 soldati, molti dei quali nella zona di Los Angeles.

[60] Del Zio, R. (2016). Forensic architecture: From the Ixil Triangle. *Journal of Biourbanism, IV*(1&2/2015), 97–99. Sebbene le loro radici storiche si trovino in America centrale e nelle città degli Stati Uniti, gran parte della recente crescita della MS13 si è concentrata in Messico. La banda è la più forte nella regione di confine con il Guatemala, in particolare lo stato del Chiapas. Disegnato dalle decine di migliaia di migranti centroamericani che cercano il passaggio illecito attraverso il Messico negli Stati Uniti, il MS13 si è trasformato in uno dei principali attori nel fiorente mercato della tratta di esseri umani.

di East Los Angeles tra cui il famoso Pico Union. Mentre le bande messicane avevano frenato la malavita locale, gli immigrati temprati dalla guerra, si organizzarono in gruppi in perenne violenta competizione, il più forte dei quali si chiamava Mara Salvatrucha. Infatti, viene considerata una delle gang più violente perché i suoi affiliati fondatori provenivano dalle fila dei reduci combattenti nelle guerriglie di El Salvador: preparazione paramilitare e pronti a commettere violenze di ogni tipo. Da dove deriva il nome? Il nome: "Mara" è un termine centroamericano che significa "Gang"; "Salva" si riferisce a El Salvador; "Trucha", "Trota" è un termine gergale per indicare qualcuno di "intelligente" o "forte". Tuttavia, con la concentrazione di affiliati di idioma spagnolo a Los Angeles, la gang si espanse in altre città e poi in altri Stati dove molti immigrati della stessa etnia si erano concentrati. Ben presto però la rivalità sul territorio con la Mafia messicana e i suoi alleati Sureños divenne così evidente che riuscirono invece di scontrarsi a suggellare un'alleanza che rafforzò sempre di più la presenza sul territorio di gang latine. Per differenziare l'identificazione si aggiunse a MS il numero 13 che come per la "Eme" sta per il numero corrispondente nell'alfabeto anglosassone della lettera M. L'alleanza si manifestò essere molto più evidente all'interno del sistema carcerario in quanto la MS offriva protezione ai sui alleati più stretti.

E' nota per reclutare con la violenza i bambini nelle scuole tra i 10 anni di età in su, li attirano offrendo loro sesso, alcol e droghe. Una volta che un ragazzo diventa membro è molto difficile lasciare il gruppo senza gravi conseguenze. Una delle poche eccezioni alla partecipazione è se un membro ha un figlio e vuole creare una famiglia. MS-13 è organizzata in gang che prendono ordini dal capo che governa negli Stati Uniti e in El Salvador. Le loro attività hanno contribuito a fare del Triangolo del Nord - Guatemala, El Salvador e Honduras - il posto più violento del mondo che non sia in guerra.

I suoi affiliati sono noti per essere coinvolti in tutti gli aspetti delle attività criminali. A causa dei loro legami con la loro antica patria, hanno accesso ad armi sofisticate, rendendo così il traffico di armi uno dei loro più importanti traffici criminali. La gang è fortemente coinvolta in furti e rapine, furti d'auto, traffico di stupefacenti, contrabbando di armi, vendite illegali di armi da fuoco, estorsioni, omicidi, stupri, prostituzione, aggressioni e intimidazione dei testimoni, reati che si sono gradualmente trasformati in transnazionali come il contrabbando di esseri umani e il traffico di droga. I membri si identificano attraverso vari indicatori della gang come i tatuaggi, abbigliamento, graffiti e segni della mano. Sono noti

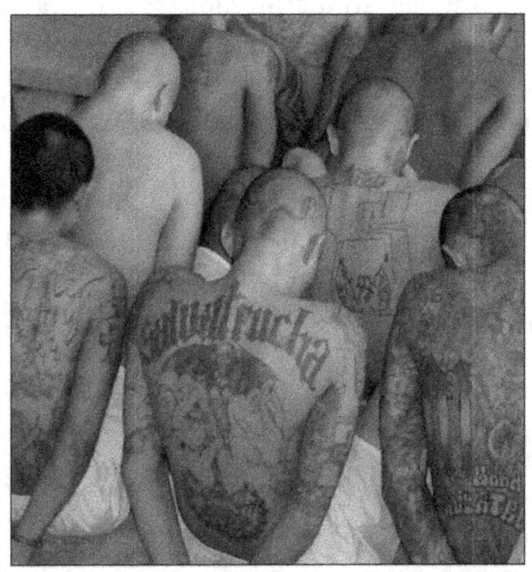

per utilizzare vari tatuaggi, alcuni dei quali sono abbastanza grandi da coprire tutta la schiena; altri sono abbastanza piccoli. La dimensione del tatuaggio è a volte l'indicazione del grado di coinvolgimento della banda con i membri più anziani o più principi attivi che portano i grandi tatuaggi più importanti. I membri che arrivano da El Salvador hanno generalmente tatuaggi più importanti di quelli che diventano membri negli Stati Uniti. Il numero "13", in numeri romani e arabi, o una combinazione dei due, "MSXIII" è anche usato spesso come simbolo. I membri possono tentare di mascherare la MS-13 del tatuaggio all'interno di un altro, possono portare o indossare una bandana blu o nera intorno al polso, al collo o sulla fronte. Spesso indossano abbigliamento sportivo che visualizza i numeri strategici come 13, 23, o 3. Inoltre indossano maglie che mostrano i colori della banda del blu o nero. Alcuni di loro indossano maglie di Allen Iverson (Blu 3) e Kurt Warner (Blu 13). I membri indossano anche i cappelli

Nike Air Jordan con il logo Air Jordan ricorda il loro segno mano, l'abbigliamento dei New York Yankees. I graffiti sono utilizzati per marcare il territorio o per promuovere l'immagine, soprattutto in una nuova area. Questi graffiti possono essere elaborati o essere solo uno scarabocchio per pubblicizzare la loro presenza. I membri possono scarabocchiare "MS", "Mara Salvatrucha", "MS-13" o "MSXIII", oppure possono "taggare" le iniziali della loro gang.

Si utilizzano diversi segni della mano per comunicare, tra le corna del diavolo o iniziali della banda. Altri segni sono usati per comunicare silenziosamente tra loro.

Nella concezione popolare la gang è sempre stata associata al satanismo. Si racconta che alcuni dei fondatori della gang erano Heavy Metal che adoravano il diavolo e lo manifestavano attraverso l'uso di soprannomi satanici, tatuaggi e altre immagini. [61]Tornando all'origine il primo nome molto prima che diventasse famosa con il nome MS-13, la gang si chiamava Mara Salvatrucha Stoners. Come suggerisce il nome, fu fondata dai fan di heavy metal che fumavano marijuana a Los Angeles negli anni '70,[62] era poco più di un club per i giovani adolescenti che ascoltavano la musica, indossavano giacche di pelle nera e jeans stretti e sfilacciati. Alcuni dei suoi membri erano satanisti intransigenti che adoravano il diavolo e arrivavano al punto di praticare macabri sacrifici di animali.[63] Perché questa violenza gratuita? I membri della MS-13 hanno la convinzione che tutte le loro azioni violente siano richieste di Satana come ricompensa per le

---

[61] Come per esempio il segno della mano è chiamato "la garra", che in spagnolo si riferisce agli artigli di Satana. E' inquietante sapere che alcuni membri della MS-13 hanno confermato agli investigatori durante gli interrogatori di aver commesso i loro crimini per volere della "Bestia", reati che la maggior parte delle volte identificati perché si erano ritrovati resti umani in particolare gli organi sul terreno sistemati in una forma pentagonale.

[62] Thomas Ward, professore di antropologia all'Università della California dice che secondo alcune testimonianze i ragazzi raccontavano "Siamo andati in un cimitero e abbiamo prestato giuramento bevendo il sangue a vicenda", ha detto. "Abbiamo preso un coltello e ci siamo tagliati le mani e poi abbiamo drenato il nostro sangue in una tazza per berlo. Abbiamo fumato un sacco di marijuana e poi abbiamo aperto un gatto ".

[63] https://www.newsday.com/long-island/crime/fbi-woods-body-gang-search-1.14661299

volte che loro lo invocano per essere aiutati. Macabro, ma appartiene a quella mentalità della gang che si tramanda di padre in figlio. Ecco dove nasce la popolarità e la estensione dei membri della MS-13. Il clan esiste da generazioni e si espande ogni anno in maniera esponenziale così come la brutalità dei crimini che sono sempre più orribili. La maggior parte delle vittime, molte delle quali donne e bambini, vengono spesso mutilati quasi a confermare la natura anche satanistica degli omicidi. La gang diventa un pericolo serio per gli stati americani tanto che alla fine degli anni '90 si iniziò a riconoscere che MS-13 era diventata una significativa minaccia criminale per gli Stati Uniti. Si accertò che le due organizzazioni MS-13 e Mafia Messicana avevano formato una sorta di triangolo internazionale di potere che andava dalla zona di Los Angeles a El Salvador e anche attraverso un nuovo corridoio tra Washington DC e lo stato della Virginia. Così per arginare e contrastare il fenomeno verso la fine della presidenza Clinton, il Governo avviò un programma di rimpatrio dei residenti nati all'estero condannati per una vasta gamma di crimini. Questa accresciuta politica di espulsione, a sua volta, aumentò notevolmente il numero di membri della gang mandati a casa in El Salvador, Honduras, Guatemala e altrove. Secondo una stima, tra il 2000 e il 2004, circa 20.000 criminali sono tornati in America centrale. I governi centroamericani, alcuni dei più poveri e più disorganizzati, non erano in grado di affrontare l'afflusso criminale, né erano adeguatamente stati preavvisati dalle autorità statunitensi. I detenuti, che spesso avevano solo il collegamento più scarso con i loro paesi di nascita, poche possibilità di integrarsi nella società legittima. Spesso si rivolgevano a ciò che conoscevano meglio: associarsi a una gang. In questo modo, la decisione di utilizzare la politica dell'immigrazione come strumento anti-gang ha generato la crescita virulenta della gang, ormai divenuta una vera e propria organizzazione in Honduras, El Salvador e Guatemala. Insomma, un vero e proprio fallimento.

Le Asians Gang

Quando tra le Gang di Chinatown di New York si scatenò la sanguinosa guerra combattuta a suon di macete, come già sottolineato nella parte introduttiva sulle gang storiche, già si poteva avere il sentore di quanto pericolose ed organizzate potessero essere e pronte a tutto pur di poter mantenere il potere. Con l'introduzione nel mercato, prima clandestino e poi ufficiale, di antidolorifici a base di oppioidi, le Tongs organizzarono nelle città, dove erano presenti le loro comunità, un colossale, quanto produttivo, traffico di droga. Pur di mantenere l'egemonia sul mercato, gli affiliati erano disposti a tutto. In ogni Chinatown era possibile trovare stanze allestite con un certo numero di brandine dove era praticata l'agopuntura per curare

alcune patologie e dove era possibile fumare l'oppio con le pipe. Gli avventori doloranti vi si avvicendavano con la speranza di risolvere le loro pene. Gli effetti del farmaco cinese ben presto sparivano e si rendevano necessari nuovi cicli, ma l'oppio ben presto diventò la medicina più ricercata, perchè non leniva solo ogni tipo di dolore fisico e fu ben presto apprezzata per i suoi effetti "paradisiaci". Iniziò così il remunerativo traffico di oppio, che insieme alla prostituzione e al gioco d'azzardo fornirono alle Gang Cinesi e non solo denaro e sempre più nuovi affiliati disposti a difenderla ad ogni costo. E' stato così che le Tongs, come d'altronde è successo con la Mafia Italiana negli USA, da semplice banda di strada si è trasformata prima in società di mutuo soccorso e poi in una vera e propria società imprenditoriale. Con interessi sparsi in tutti gli Stati Uniti ed il Canada.

Attualmente le Tongs si dedicano anche ai traffici di emigrazione clandestina, i furti, il taglieggiamento dei commercianti ed il sistema prevede l'esistenza di varie gang affiliate a questa o a quella Tong.[64] Certo è che le successive ondate migratorie dalla Cina nel 1965 con la legge sulla naturalizzazione e successivamente nel 1997 hanno garantito l'ampliarsi delle Tongs sia in termini di numeri sia in termini di aggregazioni di giovani di etnie diverse. Infatti, oggi sia le Gang Asian non sono solo costituite da cinesi, ma anche da altre etnie come i Vietnamiti come quella rappresentata dalla temibile gang Born To Kill di New York.[65] Nella maggior parte delle Chinatown delle moderne metropoli, le Gang Asiatiche sono un vero e proprio tormento della città attraverso le loro azioni criminali unite alla violenza e con un legame imprescindibile con il crimine organizzato gestito dalle Triadi di Hong Kong.[66] Il loro Modus Operandi prevede un pacifico approccio con le vittime, ne stabiliscono un legame e poi le sfruttano attraverso la prostituzione, la distribuzione delle droghe, la schiavizzazione per le attività gestite dalla Gang e molto altro. A differenza delle Gang Originali, come per esempio Crips o Bloods, non hanno nessuna associazione di colore. Durante i contatti con la polizia di solito negano la gang di appartenenza. Sono bande molto difficili da gestire. I membri sfruttano intelligentemente la mancanza di conoscenza della loro cultura e della loro lingua da parte delle forze dell'ordine opponendo ostacoli che gli permettono di sfuggire ad arresti ed incriminazioni. Pur imitando per certi versi le Gang americane, e le loro manie di grandezza e di esternazione, è anche comune per gli affiliati delle gang asiatiche mantenere un aspetto che non sia simile ad un "gangster", si dissociano da atteggiamenti appariscenti. Questo gli permette di inserirsi nel tessuto sociale di un quartiere in maniera silenziosa e pericolosa.[67] Spesso ci si rende conto che un

---

[64] E' il caso della gang Ghost Shadows utilizzata dalla Tong On Leong oppure della gang Flying Dragons affiliata alla Tong Hip Sing.

[65] cfr. gli atti del Centro di Documentazione cultura legalità democratica. Uno dei maggiori studiosi del fenomeno è il prof. Ko-lin Chin.

[66] Si presume che la prima Triade sia stata fondata nel XVII secolo da un gruppo di monaci buddisti Furono gli inglesi a coniare il nome di "Triade", perché sugli stendardi della società segreta figuravano simboli a tre lati, rappresentativi delle tre forze dell'universo: il Paradiso, la Terra e l'Uomo.

[67] Nella concezione comune, sono buddisti e credono che la morte sia predeterminata; ciò contribuisce ad una mentalità fatalistica. Operano sotto la

determinato territorio è sotto il controllo di una Gang asiatica quando ormai è troppo tardi per limitarne il potere. Sono criminali che si muovono molto e si associano con altri gruppi asiatici, ma non sono escluse affiliazioni con le gang originali, come per esempio quella con i Crips, principalmente a Long Beach. La Gang "ibrida" ha preso il nome di ABZ Crips, Asian Boyz Crips.

Le principali Asian-gang

Gli **Asian Boys** sono la gang asiatica più diffusa in tutti gli Stati Uniti, principalmente sulla costa orientale, ha circa 2.000-5.000 membri attivi. La Gang è principalmente composta di maschi di discendenza vietnamita, cambogiana, coreana, afro-americana e laotiana Hanno una forte alleanza con gli alleati vietnamiti di Boyz (VBZ), i Rollin 20s Crips, Insane Crips e the Sons Of Samoa. Acerrimi nemici invece sono gli affiliati alla Wah chings Gang, da quando Kicker, un membro del Boyz fu ucciso da un membro della Wah Ching Gang. Gli Asian Boyz scatenarono una violenta aggressione chiamata "Summer Madness", durante la quale uccisero diversi membri Wah Ching.[68] Altri nemici includono la Valerio Street Gang e la gang di Tiny Rascals.

---

premessa che qualsiasi livello di violenza è accettabile come mezzo per raggiungere l'obiettivo desiderato. La loro cultura non permette di "perdere la faccia", la vergogna è inaccettabile e l'espiazione si aspetta da colui che porta vergogna nella banda. I tatuaggi e le cicatrici sono di solito un'indicazione di appartenenza, perché entrambi non sono norme culturali. Le quattro "T" rappresentano: "Love" (Tinh), "Money" (Tien), "Prison" (Tu), "Sin" (Toi), se è presente un quinto "T", che rappresenta: "Revenge" (gio).

[68] Il massacro del drago d'oro avvenuto a San Francisco, in California, il 4 settembre 1977, presso lo stabilimento di Golden Dragon Dining in cui i Joe Boys tentarono di assassinare membri della Wah Ching Gang.

La **Tiny Rascals Gang** o "Tiny Raskal", (TRG) è nata a Long Beach, in California, durante la metà degli anni '80 da giovani cambogiani ed è attualmente considerato uno dei più grandi gruppi di Asian Street negli Stati Uniti ed è nota per avere membri a Fresno, Sacramento, Washington, Oregon, Hawaii, Alaska, Colorado, Nevada, Missouri, Kansas, Massachusetts, Texas, Georgia, California, New York e Canada. I membri sono sia maschi che femmine. Le ragazze sono indicate come la "Lady Rascals Gang". Inizialmente la funzione primaria era quella di proteggere i cambogiani da varie altre bande ben conosciute a Long Beach, che erano costituite prevalentemente da messicani, afro-americani e altre gang asiatiche. Pertanto, inizialmente solo ai cambogiani fu permesso di unirsi, ma in seguito anche ad altri americani ed asiatici

ad unirsi a loro. The Tiny Rascals contava oltre 10.000 membri facendola diventare la più grande gang asiatica degli Stati Uniti. Fu proprio questa concentrazione di affiliati che causò una faida che divise la Gang: una metà rimase Tiny Rascal Gang (TGR) e l'altra metà si chiamò Asian Boyz (ABZ). Molti membri della Gang sono cambogiani, filippini, e afroamericani. I loro principali nemici sono l'Asian Boyz e l'East Side Longos, i Crips Rollin 20s, Crips Insane e Sons of Samoa.

I **Black Dragons** sono una Gang legata alla Triade cinese-americana nata nel 1980 dagli immigrati cinesi a Lincoln Heights, in California. The Black Dragon era una delle gang asiatiche più spietate e temute di Los Angeles e della San Gabriel Valley. Usano tattiche di intimidazione nei confronti dei proprietari di imprese asiatiche americane, attraverso l'estorsione esigono il pagamento per la protezione. Si contendono principalmente il territorio e i traffici con altre gang asiatiche e ispaniche, ed è stata coinvolta in contraffazione, prostituzione, estorsione, traffici di droga.

I **Born to kill** letteralmente "Nato per uccidere" era il nome di una famigerata gang di strada con sede a New York City composta da immigrati vietnamiti di prima generazione. La loro ascesa al potere è del 1980 nella Chinatown di New York City ed è diventato il gruppo asiatico più famoso negli Stati Uniti. Negli anni '90 si è rivelato dannoso per la gang Vietnamita l'arresto e il perseguimento della maggior parte dei loro operatori con sede a New York con la conseguente caduta del 1992, T.J. (1995). Born to Kill: America's Most Notorious Vietnamese Gang, and the Changing Face of Organized Crime. William Morrow & Co.

I **Fullerton Boys**, comunemente detti Fullerton Boyz, è una gang per lo più composta da delinquenti coreano-americano che vivono nella città di Fullerton, California. La maggior parte dei suoi membri apparteneva alla Gang LVM, SZA (Sarzana). Fondata nel 1996, era considerata come una fazione di due bande asiatiche dominanti in Fullerton che erano le bande di strada LVM Gang e Sarzana. Questa frazione composta anche da membri della banda Wah Ching che vivevano in Fullerton al momento. A metà degli anni '90 la maggior parte del LVM, Sarzana e Wah Ching membri della banda a Fullerton sono stati arrestati nel corso di un'indagine di polizia per l'impennata di criminalità. Con la ricaduta di LVM e Sarzana gli ex membri hanno iniziato a rivendicare Fullerton Boyz contro i loro rivali. Con l'adesione alla fine degli anni 90 del Fullerton Boyz ha iniziato a crescere e con esso attività criminali che coinvolgono il gruppo.

La **Hop Sing Boys** era una gang cinese-americana della Chinatown di San Francisco, in California. La Gang Hop Sing Boys era alla Hop Sing Tong. Gli Hop Sing Boys insieme ad altre bande di Chinatown come Wah Ching e Joe Boys hanno partecipato a attività criminali illegali: traffico di droga, estorsione, gioco d'azzardo illegale e omicidi. Si sono estinti lentamente dopo la creazione della Asian Police Gang Task Force a San Francisco, a Chinatown.

La **Wah Ching Gang** è una Gang della Triade cinese americana e una Gang di strada chiamata anche "Dub C" originaria di San Francisco nata nei primi anni '60. La Wah Ching Gang controlla la maggioranza delle attività illegali nei quartieri asiatici di San Francisco e Los Angeles è composta principalmente da adolescenti che si dedicano ai furti ed ai traffici di droga.

I **Joe Boys**, gang nota anche come Chung Ching Yee, era una gang giovanile cinese-americana fondata negli anni '60 nella Chinatown di San Francisco. I Joe Boys erano chamati "Joe Fong Boys", dal nome del suo fondatore Joe Fong. Fong che era precedentemente un membro della Wah Ching Gang. Dedita al traffico di crack a Chinatown, iniziò il suo declino dopo il Massacro del Drago d'Oro e in seguito a causa della pressione da parte delle autorità.

La gang **Menace of Destruction** (MOD) è nata a Fresno, in California, e si è diffusa in tutti gli Stati Uniti: Alaska, Arkansas, California, Colorado, Georgia, Minnesota, North Carolina, Oregon e Wisconsin. Faceva parte della gang Hmong[69], dalla quale si è staccata diventando acerrimo nemico, è composta da giovani affiliati che commettono attività criminali di livello minore, alcuni gruppi sono composti da membri più maturi e sono noti per aver collaborato e interagito con il gruppo Yoshitomi e quindi essere associati alla criminalità organizzata. Famosa per le attività di traffico di sostanze illegali in particolare metamfetamina e armi insieme alla Yakuza negli Stati Uniti. I membri sono reclutati dalla Yakuza come sicari. La MOD Gang conosciuta con il nome di Master of Destruction, è associata al numero "301". I loro alleati sono il National Criminal Crip, i Tiny Little Raskal, la gang Yoshitomi e in

---

[69] Gli Hmong erano i rifugiati cinesi indigeni cacciati e perseguitati, a protezione e supporto di quella popolazione fu fondata la Hmong Nation Society o HNS che fondamentalmente è una gang di Hmong che iniziò le sue attività nel 1992. La banda da allora è cresciuta e si è espansa in diversi stati e città come: California, Stockton, Sacramento, Oroville, Marysville, Appleton, Milwaukee, Sheboygan, Wausau, Alaska, Minnesota e North Carolina. A seconda di dove si trova la banda, i membri indossano il blu o il rosso. Il numero di affiliazione è "475". L'unico e vero rivale di H.N.S è: Menace of Destruction o M.O.D. La banda è ancora attiva a partire dal 2017.

altre gang Hmong. I loro rivali sono gli Asian Boyz Crips, Vietnamita Boyz, Frenso Bulldogs, Sureños, Oriental Ruthless Boys, Oroville Mono Boys e Hmong Nation Society.

La **Wo Hop To** è una gang affiliata alla Triade con sede a Wanchai, Hong Kong. Il nome significa "Harmoniously United Association" o "Harmonious Union Plan" e si ritiene che sia stato effettivamente fondato nel 1908 a Sai Ying Pun come organizzazione politica segreta contro la dinastia Qing. Sono uno dei "4 gruppi principali" di Hong Kong, gli altri sono Wo Shing Wo, 14K e Sun Yee On. Wo Hop To, concentra le sue attività sul racket della protezione ed è associato alla triade Sun Yee On. All'inizio degli anni '90, Wo Hop To si è estesa negli Stati Uniti, a partire da San Francisco, in California. Gli Stati Uniti Wo Hop To sono stati guidati da Peter Chong anche noto come "Uncle Chong" e Raymond "Shrimp Boy" Chow ex leader della banda Hop Sing Boys. La Wo Hop To ha messo in atto un piano strategico per regolare tutte le gang asiatiche a San Francisco per la diffusione e la distribuzione di droga in tutto il paese.

I giovani affiliati alle Gang, di qualsiasi etnia, ingrossano, non solo la fitta rete di crimini e criminali, ma alimentano un mercato nero, parallelo a quello legale, che frutta in media ogni anno circa 625 miliardi di U\$D così distribuiti[70]:

- Prodotti contraffatti 225 miliardi
- Gioco d'azzardo illegale[71] 150 miliardi
- Marijuana 82 miliardi
- Cocaina 35 miliardi
- Metamfetamine 1,8 miliardi
- Pirateria cinematografica 25 miliardi
- Prostituzione 14,6 miliardi
- Pirateria musicale 12,5 miliardi
- Contrabbandando di Sigarette 11,75 miliardi
- Contrabbando di gas e benzina 10 miliardi

---

[70] Fonte Statistic Brain.
[71] Comprese le scommesse su eventi sportivi 80%.

- Pirateria di software 9,7 miliardi
- Produzione di documenti contraffati per clandestini 1,25 miliardi
- Produzione di Dollari contraffatti 103 milioni
- Contrabbando di Alcolici 34 milioni

Il numero di posti di lavoro creati dal mercato nero a livello mondiale è pari a 1,8 miliardi di U$D creato dall'immissione illegale sul mercato di prodotti come per esempio[72]

AK-47 400
Cocaina per grammo 174,2
Ecstasy per compressa 35
Eroina per grammo 200
Marijuana per grammo da 20 a 30
Metamfetamina per grammo 30 a 500
Traffico di Organi umani 30.000 dollari[73]

Per le attività legate al traffico ed all'uso di droga ogni anno vengono arrestate negli Stati Uniti oltre un milione di persone di cui 750 mila per i soli traffici di marijuana, incluso il possesso. Il costo sostenuto per eseguire gli arresti tra investigazioni, trasporti, costi del personale di polizia e molto altro annesso alla droga costa alla comunità americana ben 51 miliardi di dollari l'anno.
Il contrasto delle attività legate alle Gang, nonostante gli sforzi, ottiene molto poco. Si continuano ad avere moltissimi ragazzi che smettono di frequentare la scuola per aggregarsi a una Gang, circa 32 mila morti per overdose l'anno ed una perdita di gettito fiscale di circa 47miliardi di dollari se fosse legalizzata, e per alcuni Stati Federali qualcosa sta già cambiando per la Cannabis. Tuttavia resta e s'intensificano, da parte delle Gang, le attività di espandere le loro imprese criminali per aumentare i profitti, stabilendo relazioni reciprocamente vantaggiose per favorirsi l'uno l'altra, rendendo sempre più difficile ed oneroso il contrasto delle loro attività criminali, violente e non.

---

[72] Valore medio in U$D per gli articoli immessi negli Stati Uniti.
[73] Per esempio per un rene.

Le Gang Ibride

Questo tipo di Gang sono apparse già agli inizi degli anni '20 dello scorso secolo e venivano identificate come quelle di razza mista.
Le bande ibride odierne hanno caratteristiche diverse. Una "Hybrid Gang" è composta da membri di diversi gruppi etnici che partecipano a una singola banda, individui che partecipano a più bande, con regole poco chiare o codici di condotta misti, simboli che si condividono con più di una banda, come per esempio uso di colori e graffiti, la cooperazione tra Gang rivali in attività criminali e frequenti fusioni tra piccole bande. Questa tipologia di Gang ibride sono sempre più numerose e stanno cambiando le loro caratteristiche rendendo più difficile studiarle e contrastarle. Le Gang più anziane come i Bloods e i Crips o i Black Gangster Disciples tendono ad avere una struttura aggrovigliata di sottogruppi o piccoli gruppi. L'ipotesi che le nuove bande condividano le caratteristiche delle Gang più vecchie può ostacolare i tentativi delle forze dell'ordine di individuare e contrastare efficacemente le Gang portando così le comunità a non avere fiducia negli sforzi per applicare la legge e sentirsi protetti. Per esempio molte comunità segnalano la presenza di Gang pericolose e problematiche, ibride, come i "Posses" o meglio conosciute come i "Juggalos". Molti confondono la gang come la sottocultura del rap underground nata a Detroit negli anni '90. Due esponenti, Violent J e Shaggy 2 Dope formano gli Inner City Posse, che in seguito cambiarono nome in ICP Insane Clown Posse. Si racconta che per una strana combinazione di idee per diventare famosi e per un incubo una notte Violent J tornò a casa e cercando di addormentarsi ebbe una strana sensazione: il potere del Dark Carnival stava arrivando in città. Gli ICP decisero allora di basare la loro futura carriera come profeti del Dark Carnival pubblicando sei albums, ognuno con una faccia di clown sopra, come nella visione avuta da Violent J. Quando gli ICP pubblicarono il loro sesto album delle Joker's Card, gli Insane Clown Posse rivelarono la vera natura del Dark Carnival:il Dark Carnival è in pratica un'entità superiore, e ogni album prima di questo è un test del Dark Carnival. Per chi avesse passato ogni test, la sesta Joker's Card (the Wraith) li avrebbe portati in quel posto

conosciuto dai Juggalos come Shangri-La il paradiso dei Juggalo. Quando questo fu rivelato nella traccia finale nell'album alcuni dei fan che li seguivano fin dall'inizio furono estremamente delusi e iniziarono a contrastare e discreditare fortemente la band. Altri, che interpretarono e capirono il messaggio, ne apprezzarono il significato, e vennero considerati i Veri Juggalos, creando una sottocultura seguita da altri artisti della Psychopathic Records.

Secondo le investigazioni delle forze dell'ordine, che comprende anche vere testimonianze di alcuni fan, la sottocultura Juggalo si è recentemente divisa in due gruppi molto diversi: i fan della musica e Street Gang criminale[74] Le forze dell'ordine di recente segnalano che l'attività criminale dei Juggalos è aumentata negli ultimi anni e si è esteso a diversi altri Stati. Queste Gang rappresentano una minaccia per le comunità a causa della potenziale violenza, l'uso di droghe e la natura distruttiva e violenta: preferiscono armi da taglio come asce, machete alle armi da fuoco, e sono state collegate a una serie di macabri omicidi in tutti gli Stati Uniti. La disorganizzazione e la mancanza di struttura all'interno i loro gruppi, insieme alla loro natura transitoria, ne rendono molto difficile la loro classificazione

---

[74] Alcuni membri della guardano dall'alto in basso gli Juggalos non criminali, considerandoli deboli.

ed identificazione. Si riesce a identificarli da i colori nero, bianco e rosso, l'abbigliamento e gli accessori da "psicopatici", Tatuaggi legati a Insane Clown Posse e Psychopathic Records, incluse le sei copertine degli album "joker's card" e il logo "Hatchet Man" della casa discografica, la maschera di un pagliaccio pitturata sul viso, principalmente in bianco e nero.

Le Street Gang e i legami militari

Molti appartenenti alle Gang provengono da branche militari statunitensi o ne fanno contestualmente parte. La provenienza da branche militari degli affiliati vuol dire che sono in grado di sottostare alla gerarchia, sanno maneggiare le armi ed hanno una preparazione tattica militare per eseguire gli attacchi. Le Gang identificate i cui membri hanno un addestramento militare sono: Bloods, Crips, Folk Nation, Gangster Disciples, Latin Kings, MS-13, Sureños, AB, Bandidos, HAMC, Pagans e Vagos e in generale le Gang dei Motor Club. Per mezzo di trasferimenti i membri estendono le loro attività e, quindi, potenzialmente, minano la sicurezza delle installazioni militari; alcuni club di supporto OMGs, per esempio, utilizzano personale in servizio attivo di espandere la presenza delle OMGs ad altre regioni. Essi sono spesso impegnati in una serie di attività criminali sia dentro sia fuori le installazioni militari, commettono crimini che includono:il furto, il traffico di droga, le aggressioni, le minacce, le intimidazioni, il traffico di armi, le rapine, i furti, i furti con scasso, gli atti di vandalismo e gli omicidi. L'affiliazione alle Gang da parte di membri militari, istituti penitenziari, forze dell'ordine ecc, è una minaccia alla sicurezza nazionale e vanificano gli sforzi delle forze dell'ordine per combattere i crimini delle gang. Inoltre, l'accesso dei membri militari alle armi e la loro capacità percepita di muoversi facilmente attraverso i confini degli Stati Uniti possono renderli obiettivi ideali per il reclutamento.

Per riconoscere, analizzare e contrastare questo fenomeno di infiltrazione sono state create delle Task Force apposite: The Military Criminal Investigative Organisations (MCIO) - Air Force Office of Special Investigations (AFOSI), Army Criminal

Investigation Command (CID) ed il Naval Criminal Investigative Service (NCIS) – che hanno identificato, nel corso di numerose investigazioni a riguardo, personale militare connesso alle Street Gang o affiliati alle OMGs nei loro rispettivi rami delle forze armate statunitensi. La partecipazione all'organizzazione MCIO aiuta a istruire le forze dell'ordine locali riguardo alla presenza di membri militari con affiliazione alle Gang incoraggiando la denuncia di tali affiliati, fornendo in questo modo aiuti reciproci per il riconoscimento dei tatuaggi e di segnali per l'identificazione di tali soggetti.

CAPITOLO SEI

LE GANG DI MOTOCICLISTI

Storicamente, rispetto alle Street Gang o le Prison Gang, le OMGs, acronimo di Outlaw Motorcycle Gang, sono state percepite come una minaccia generalmente inferiore per la sicurezza pubblica negli stati Uniti, principalmente a causa dei bassi numeri di membri.
In seguito la frequente apparizione dei membri delle Gang nei titoli della cronaca per omicidio e traffici di droga hanno evidenziato quanto questo gruppo, al contrario, ha continuato a prosperare e a promuovere le sue attività criminali. Le investigazioni Nazionali e Federali hanno confermato che rappresentano una minaccia significativa ed i recenti incidenti come la sparatoria a Waco, in Texas, mostrano quanto violenti e pericolosi siano per i civili e le forze dell'ordine. Sono Outlaw, fuorilegge nel loro acronimo, presenti nelle regioni degli Stati Uniti sudoccidentali, del Mid-Atlantic e del Nordovest. Utilizzando uno degli strumenti più efficaci per censire le gang, i sondaggi a livello locale, quando è stato chiesto di identificare le dieci tra le peggiori o più problematiche bande nelle loro rispettive giurisdizioni, i rispondenti al sondaggio hanno identificato la OMG come la prima su tutte le Street e le Prison Gang di gran numero superiore a quanto indicato dai numeri emersi dalle stime precedenti. Cosa differenzia un club motociclistico o un'organizzazione da un gruppo di micidiali fuorilegge? Secondo il Dipartimento di Giustizia degli Stati Uniti, Outlaw Motorcycle Gang (o OMGs) «... sono organizzazioni i cui membri usano i loro club motociclistici come conduttori per le imprese criminali. Le OMGs sono organizzazioni criminali altamente strutturate i cui membri si impegnano in attività criminali come la criminalità violenta, il traffico di armi e il traffico di droga.»

E non solo, infatti, la loro attività criminale è commissionata da altre organizzazioni criminali perché sono dei guerrafondai altamente qualificati; uccidere può essere uno scopo e una missione. Si incontrano regolarmente per complottare, condividere informazioni, discutere della sorveglianza delle bande rivali e studiare i loro combattenti nemici. Imparano dettagli, come ad esempio, dove vivono, lavorano e giocano i loro rivali. E possono essere assassini metodici.

Sono reclutati dalle Prison Gang per crimini su commissione come intimidazioni, traffici e omicidi, e a loro volta reclutano dalle Street Gang Locali. Si diventa membro solo se si appartiene ad un Club di Motociclisti con l'obbligo di indossare un giubbotto con il logo del club stampato sulla schiena. Questo per incutere da subito il terrore per le strade.

Gli Hells Angels Motorcycle Club, Pagans, Vagos, Sons of Silence, Outlaws, Bandidos, Phantom Motorcycle, Vice Lord e i Mongols sono le più numerose OMGs negli USA ma anche con massiccia presenza nel resto del mondo, classificati come 1%.[75]

Le OMGs sono diventate una presenza sempre più potente nel mondo della criminalità organizzata in tutto il mondo.

Mentre pretendono di dimostrare di esistere per nessun altro motivo se non quello di avere di uno stile di vita libero e di guidare motociclette, molti affiliati ai clubs e ai capitoli sono stati arrestati per crimini che vanno dall'estorsione, lo spaccio di droga, il racket

---

[75] Esistono anche club di motociclistici non fuorilegge, come i circoli motociclistici femminili, che adottano insegne, colori, struttura organizzativa e bardature simili, come gli abiti di pelle tipici dei club "fuorilegge" e, nel caso degli uomini, le barbe che rendono difficile la loro identificazione.

fino all'omicidio. Questi clubs hanno sempre affermato di vivere fuori dai confini della società convenzionale e di giocare secondo le proprie regole. Il loro comportamento selvaggio e criminale li hanno portati ad essere etichettati come "One Percenters", un riferimento ad un commento presumibilmente fatto dall'American Motorcyclist Association (AMA) in cui affermava che il 99% dei motociclisti erano cittadini rispettosi della legge, il che implica che solo l'1% era fuorilegge, ma che erano orgogliosi di vivere con quell'etichetta.

Nel 1947, durante il week end festivo del 4 Luglio, la cittadina californiana di Hollister ospitava un raduno di Motociclisti. Senza averne ad oggi chiarimenti in merito, alcuni gruppi di questi motociclisti iniziarono a creare disordini ed a diffondere terrore

nella piccola e tranquilla cittadina. Tra i Motorcycle Club più agitati, vi erano i Booze Fighters Motor Club e i Pissed Off Bastards Motor Club. Le risse e i disordini coinvolsero gran parte dei motociclisti intervenuti, ormai quasi tutti in preda all'alcool e all'eccitazione. Solo l'intervento dei rinforzi di polizia da varie contee limitrofe riuscì a riportare l'ordine pubblico. I giornali parlarono di disordini generati da qualcuno cui era stato vietato l'ingresso al raduno e che poi non ci fu tutto quel terrore e disordine che aveva raccontato la gente del posto troppo tranquilla e non abituata a nessun tipo di atto di violenza pubblica. Insomma avrebbero esagerato con i commenti che purtroppo misero in cattiva luce la reputazione dei motociclisti tanto da rendere doveroso da parte del Presidente dell'A.M.A., American Motorcyclist Association, a diffondere una dichiarazione ufficiale in proposito in cui affermava che il 99% dei motociclisti erano brave persone che rispettavano la legge, mentre solo l'un percento di essi era definito "fuorilegge". Da allora molti membri di club, stufi del perbenismo e della noiosa e bacchettona gestione

delle manifestazioni motociclistiche da parte dell'A.M.A., iniziarono a fregiarsi di un piccolo stemma che riportava un "1%" cucito in un rombo, e a dichiararsi per l'appunto "Onepercenters", e cioè a riconoscersi proprio in quella percentuale di bulli da cui l'Associazione Motociclistica A.M.A. voleva prender le distanze.[76]
Nel 1959 Sonny Barger, Presidente della sezione di Oakland degli Hells Angels convocò una riunione generale di tutti gli "Outlaw MC" proclamando l'indipendenza dall'AMA fondando ufficialmente il club "Onepercenters", con l'intento non di essere fuorilegge, ma solo in disaccordo con l'AMA.[77] Il 99% rimanente era Outlaw – Fuorilegge. Iniziò così il mito dei Bikers, "quelli buoni". I nuovi "Onepercenters" MC vollero differenziarsi ulteriormente dal restante 99% dei motociclisti, decisero di tagliare la propria back patch in tre pezzi, indossandola così con il nome del club, il logo, e la località di provenienza in modo separato. I tre pezzi assunsero pertanto nomi specifici: il "Top Rocker" era la toppa superiore, curva, che riportava il nome del club; il "Bottom Rocker" era la toppa curva inferiore, che riportava la località di provenienza, la città o lo stato, il "MC Rocker" riportava la dicitura "MC". Al centro era cucita la grande toppa con il logo del club MC. In questo modo i primi club Onepercenters, iniziarono la loro vita di club autonomi, fuori dalla macchina organizzativa che li aveva, in un certo modo, emarginati. E già che c'erano, incominciarono a staccare pezzi ritenuti "superflui" dalle loro moto per ridurle all'essenziale, spesso tagliando anche le forcelle, per saldarne poi di più lunghe, e creando così i famosi "chopper", dal verbo inglese "to chop": tagliare,

---

[76] Dougherty, C.I. (1947-07-05), "Motorcyclists Take Over Town, Many Injured", Transcribed article of the San Francisco Chronicle, archived from the original on 2015-11-03 - Dougherty, C.I. (1947-07-06), "2000 'Gypsycycles' Chug Out of Town and the Natives Sigh 'Never Again'", Transcribed article of the San Francisco Chronicle, archived from the original on 2015-11-03.
[77] Tuttavia, Greg Knox, direttore del National Gang Crime Research Center in Illinois, ha dichiarato al Morning News che 1% è indubbiamente criminale. Ha detto che un percento partecipa alla droga, al furto, alla prostituzione e all'estorsione. Il rapporto della banda dell'FBI dice anche che un percento di solito è anche legato alla criminalità organizzata. Gli OMG più importanti includono: Hells Angels, Mongols, Outlaws, Sons of Silence e Bandidos.

tranciare, che entrarono di diritto nel mito dei "bikers".[78]

In effetti, la Gang di Motociclisti più anziana e popolare di tutti è senza dubbio la Outlaw MC fondata nel 1935 a McCook, Illinois, ma non è quella che poi si staccò per appartenere alla "Onepercenters". Basta fare attenzione ai Back Patch per rendersi conto che sono due cose diverse.[79] Gli "Onepercenters" cambiarono il loro Back Patch tagliandolo in tre pezzi separati per dimostrare la loro indipendenza dall'AMA.[80] Le OMGs Originali, negli Stati Uniti ci sono circa 300 OMGs attive, invece hanno queste specifiche caratteristiche di essere bande criminali altamente strutturate i cui membri si impegnano in attività criminali quali la violenza, traffico di armi e traffico di droga.

Hanno una struttura gerarchica ed hanno una connotazione piuttosto nazionalista, infatti, seguono una rigida struttura militare di

---

[78] One Percent - Micheal H. Upright.

[79] Le patches in tre pezzi dei club MC divennero in breve più famose di quelle dei club dell'A.M.A.,tanto che al giorno d'oggi tutti i club MC ne adottano le forme. Le pezze dell' H.O.G. (Harley Owners Group, il club monomarca sponsorizzato dalla famosa casa costruttrice di moto Harley-Davidson), sono tuttavia leggermente diverse. Sono fatte in due pezzi, e il nome della città compare sopra e non sotto il logo. Inoltre, la toppa superiore e il logo con l'aquila sembrano compenetrate una nell'altra, tanto che la toppa superiore si adatta perfettamente alle ali sottostanti dell'aquila simbolo dell' H.O.G. Il motivo di tutto ciò è che lo stesso H.O.G. ha voluto differenziarsi dai club MC, con i quali non voleva in nessun modo essere confuso, mantenendo però un po' di sapore motociclistico, e trovando quindi questa soluzione "riunificando" due pezze separate tra loro ed ottenendo un'unica toppa, composta originariamente da due parti. Tale modifica è stata ormai accettata dai gruppi MC, che considerano gli H.O.G. decisamente un'altra esperienza, proprio per la caratteristica dichiaratamente commerciale e familiare tipica dell'H.O.G. stesso. L'H.O.G. comunque non è stata l'unica associazione ad aver "riunito" i propri colori per chiarire la propria lontananza dagli MC "fuorilegge": all'inizio degli anni ottanta anche alcuni club di poliziotti motociclisti lo fecero, anche se ad oggi sembra essere ritornato lo stile selvaggio dei "bottom" e "top rockers" un po' per tutti i club.

[80] Tutti e cinque i principali movimenti di supremazia bianca negli Stati Uniti - neonazisti, skinheads razzisti, gruppi del Ku Klux Klan, bande di detenuti razzisti e gruppi di identità cristiane - hanno sviluppato legami degni di nota con la sottocultura dei motociclisti. Vi è una significativa sovrapposizione tra elementi della sottocultura dei motociclisti e elementi delle sottoculture supremaziste bianche, tra cui simbologia condivisa, gergo e linguaggio condivisi, e in alcuni casi abbigliamento condiviso.

base, seguono e rispettano il protocollo e aderiscono a regole e regolamenti rigidi all'interno del proprio club e insistono perché i loro membri indossino tutti un giubbotto di pelle per uniformarsi come Gang e usano un simbolo su una toppa cucita, differente per ogni Motor Club. Non sono ammessi membri di colore per questa ragione molto spesso indossano magliette con la scritta "White Power" sul territorio americano. A differenza di Paesi al di fuori dall'America vista la diffusione mondiale dei loro chapters, "sedi", che sono molto numerosi e diffusi in tutto il pianeta.

Per coordinarli è stata creata una complessa struttura gerarchica, diretta da una serie di presidenti "regionali" - gli stessi USA sono stati divisi in 5 "regioni" - mentre ogni nazione al di fuori degli Stati Uniti è considerata un'altra regione, i quali fanno capo a un presidente internazionale. L'impronta gerarchica e rigida applicata ha origini nel secondo conflitto mondiale i cui reduci si affiliarono ai Motor Club impostandone le rigide regole cui erano abituati inserendo le cariche e gli ufficiali. Molti membri sono ex personale militare attivo e sono stati segnalati su installazioni militari non solo statunitensi ma anche internazionali. Questa legittimità a frequentare le installazioni militari li aiuta a facilitare attività criminali come il traffico di armi e droga, o a ricevere armi e addestramento da combattimento che possono poi utilizzare all'interno della Gang.

Entrare nel Club

I "Bikers" si riconoscono dalle loro uniformi con il giubbotto di pelle, vistose toppe raffiguranti il club e le loro tipiche barbe lunghe. Appariscenti e intimidatori nel loro mostrarsi in pubblico, sono davvero quello che vogliono incutere. Sono molto strutturati e negli ultimi anni, a dispetto della loro volontà di apparire semplici uomini che vogliono divertirsi, si sono dimostrati quasi inattaccabili. Le numerose indagini sotto copertura hanno dimostrato di quanto siano rigidi e severi sia nel reclutamento, sia nelle loro azioni criminali. Addirittura qualcuno ha asserito che siano organizzati ed efficienti come un'agenzia di intelligence. Un candidato che desideri entrare nell'organizzazione dovrà superare un percorso di circa due anni, nella migliore delle ipotesi, durante i quali dovrà mettersi al servizio dei "full members" o "patch members", cioè i membri a pieno titolo del club, e dimostrare la propria determinazione. Tra i vari doveri richiesti dovrà essere il primo ad arrivare nella club house, verificare che ci siano cibo e birra, inoltre dovrà mettere in ordine e fare manutenzione a stabili e alle moto dei membri. Il candidato pertanto diventa per prima cosa un "hangaround"; in un secondo momento diviene "probate" o "probationary outlaw", e infine "prospect" o "prospective member", che è il livello più alto di appartenenza al club degli Outlaws quando si è in prova. Se il suo comportamento è stato considerato idoneo, nel giro di due anni il candidato riceverà finalmente il "set" completo che va a formare ogni logo di riconoscimento di ciascun motor club, diventando così "full-member", o "patch member", ovverosia un membro a pieno titolo dell'organizzazione. La toppa del "Charlie", cioè il teschio con i due pistoni incrociati che rappresenta il vero spirito dell'Outlaws MC, sarà quindi consegnata solo alla fine del lungo periodo di prova. Per gli Outlaws i colori appartengono al club e il membro dovrà restituirli in caso di allontanamento. I membri dei club sono autorizzati a partecipare alle riunioni settimanali nella "club house" di loro appartenenza, detta anche "church", mentre i "probates" e le "old ladies" non ne hanno la possibilità. Tra le altre cose, bisogna anche specificare che solo dopo un anno di buona condotta nel club un full member degli Outlaws MC avrà il diritto di tatuarsi il "Charlie", o un altro simbolo del club. Ovviamente lo farà a suo rischio e pericolo, perchè in caso di allontanamento il tatuaggio dovrà essere coperto con una "X" o addirittura cancellato. I membri che hanno tradito, o hanno collaborato con le forze dell'ordine, o che comunque hanno avuto problemi con il club avendolo magari lasciato in "bad standing", ovverosia non in maniera amichevole, subiscono la cancellazione del tatuaggio mediante bruciatura sulla marmitta incandescente della moto.

I tatuaggi utilizzati hanno significati precisi: per esempio, un membro che ha ucciso per il club, o che ha comunque tentato di commettere un omicidio oppure ha organizzato un attentato dinamitardo per conto del club, è autorizzato a portare i "lightning bolts", un tatuaggio a forma di SS in stile nazista che rappresenta un elevato standing all'interno dell'organizzazione. C'è poi anche il tatuaggio della doppia "L", che sta a significare "Lounge Lizard", ovverosia colui che ha scontato un lungo periodo di reclusione a causa di vicissitudini legate alla vita del club, magari anche per proteggere altri membri e sacrificando perciò la propria libertà.

Oltre il primo tra i "Big Four", i 4 Motor Club più diffusi a livello mondiale ci sono: Hells Angels MC, Bandidos MC e i Pagans MC ed aggiungeremo i Mongols che sono significativi sul territorio americano.

Le donne all'interno di ogni Gang sono ammesse con una gerarchia femminile non modellata sul modello militare. Le donne sono prima "Sheeps" o "Mothers" ai posti più bassi poiché considerate solo oggetti sessuali poi e infine "Old Ladies", le mogli di affiliati maschi o fidanzate di lunga data.[81]

Anche le donne fanno parte dei clubs dei bikers, come una "costola" nell'organizzazione nata essenzialmente per gli uomini. Le donne hanno le stesse caratteristiche degli affiliati maschi: rigidi, violente e pronte a tutto. La differenza sostanziale è che all'interno delle organizzazioni dei clubs a loro non è riservato lo stesso trattamento sono vittime di sessismo e abusi da parte di degli uomini, che rivendicano sempre il loro di "Macho". Sono viste e

---

[81] La serie di successo Sons of Anarchy ha efficacemente raccontato la storia dei membri delle famiglie di una gang di motociclisti, insieme alle mogli, alle fidanzate e ad altri membri della famiglia come per la Mafia con la serie The Sopranos.

usate come una "proprietà" da parte dei maschi e sebbene ci siano affermati gruppi di bikers solo femminili, nonostante nei gruppi misti in molti di essi il sessismo sia bandito, all'interno molti altri le donne non hanno nessun potere decisionale. Il trattamento deplorevole delle donne da parte degli OMG è ben documentato, ma il motivo per cui le donne si sottopongono volontariamente a tali abusi da parte di queste bande è ancora più inquietante. Nei riti di iniziazione le donne chiamate "Biker bitch" consistono nel farsi violentare da tutti i maschi della Gang. Una volte entrate nel club molte di loro mostrano con orgoglio le loro camicie con le scritte "Property Of" mentre le cosiddette "pass-around" si sottopongono volontariamente ad atti sessuali di più membri su richiesta. Quando iniziarono a farsi notare i gruppi femministi, le donne iniziarono a fondare gruppi di bikers femminili che ad oggi sono sempre più in crescita. Il primo nacque a New York e in seguito in tutti gli Stati Uniti il fenomeno si diffuse velocemente. La "fratellanza femminile" e la solidarietà sono diventate un modo efficace di dimostrare il potere e l'intelligenza del genere femminile capace non solo di occuparsi delle faccende domestiche e dei figli, oltre a soddisfare i bisogni sessuali del maschio, ma sono in grado di essere ottimi meccanici, specialiste nella tecnologia più diffusa e capace di commettere crimini alla stregua dei colleghi maschi.
Tra le più famose Gang Femminili di bikers, che in effetti, hanno le stesse dinamiche operative dei maschi, ricordiamo le Women in the Wind, Motor Mad, Iron Sirens e le Chrome Angels.

Hells Angels

L'Hells Angels Motorcycle Club (HAMC) è l'OMG più famosa negli Stati Uniti. La banda ha più di 92 fazioni in 27 stati degli Stati Uniti.
A livello internazionale, gli Hells Angels, sono attivi in 26 paesi stranieri. L'OMG è attivamente coinvolta nel trasporto e distribuzione di stupefacenti e di armi. Altre attività criminali ben note degli Hells Angels sono furti, estorsioni, riciclaggio di denaro, aggressioni e omicidi.
I membri delle Hells Angels gang si identificano universalmente attraverso l'uso di un logo ufficiale: un teschio con le ali noti come

"Death Head". Il logo appare su una giacca di pelle o gilet, tipicamente con il loro capitolo di associazione, o come un tatuaggio. Altri simboli che li identificano sono "81", l'8 simboleggia l'ottava lettera dell'alfabeto, H, con il numero 1 che rappresenta A, e AFFA, una patch che significa Angels for Ever, per sempre Angeli. L'appartenenza degli Hells Angels si limita ai caucasici, ispanici e asiatici, maschi dai 18 anni di età in su, e proprietari di moto Harley-Davidson. Il processo di adesione è molto importante; la fase preliminare assicura che il membro potenziale sia davvero propenso a impegnarsi nel gruppo. Una volta stabilito l'impegno, il suo status è elevato a "hang-around" che completa facendo compiti umili per guadagnare il rispetto da parte dei membri della gang. Col tempo egli può diventare una "prospettiva" per la gang se il membro lo merita in modo da essere sponsorizzato dalla gang stessa. Dopo un intero anno di prova la gang passa al voto che deve essere all'unanimità nella concessione di appartenenza. Ogni gang locale possiede uno statuto con i diritti e le responsabilità dei membri. Non ci sono gerarchie nazionali rispetto alle gang locali. Tutte le decisioni importanti sono prese durante meeting nazionali, internazionali e regionali.

Mongols

La Motorcycle Club è una OMG violenta attiva principalmente negli stati del Pacifico e sud-ovest degli Stati Uniti. Il club è formato da veterani della guerra del Vietnam, ispanici, che sono stati  respinti dal Hells Angels a causa della loro razza.

Sono noti per spaccio di sostanze stupefacenti, cocaina, marijuana, e in particolare metanfetamine, riciclaggio di denaro, rapina, estorsione, detenzione illegale di armi da fuoco, omicidi e aggressioni. Il Bureau of Alcohol, Tabacco, Armi da fuoco ed esplosivi (ATF) considera i membri delle Mongols OMG tra i più violenti e pericolosi delle OMGs americane.

Si identificano attraverso l'uso popolare di patch e tatuaggi. Il loro logo ufficiale è un guerriero mongolo in sella a una moto con occhiali da sole. La figura è raffigurata insieme al nome dell'OMG e il capitolo, in genere su un giubbotto da motociclista o gilet in pelle. Altri identificatori sono Mongol Nation, Mongol Brotherhood e una Percenters, un termine che connota la denominazione di "fuorilegge".

E' composta principalmente da membri ispanici e caucasici, dai 18 anni di età in su. Molti dei suoi membri, compresi i fondatori, sono noti per essere veterani militari attivi negli Stati Uniti.

Pagans

E' una OMG violenta fondatasi nello Stato del Maryland. I membri sono attivi nella produzione e distribuzione di armi e stupefacenti, come la cocaina, marijuana, metamfetamina e fenciclidina (PCP). L'OMG è attiva in 11 paesi con 44 capitoli, con forti legami con la criminalità organizzata in Pennsylvania e New Jersey. In Maryland e Virginia, sono noti per avere diverse organizzazioni che supportano la banda. Oltre alla produzione e distribuzione di stupefacenti e di armi, i membri sono ben noti per aver commesso atti di estorsione e altre attività criminali, tra cui incendi dolosi, attentati, aggressioni e omicidi.

I membri si identificano attraverso patchwork e tatuaggi. Sono

famosi per indossare un top rocker e un patch Zeutar (Dio del Fuoco). La patch top rocker ha spesso caratteri rossi o blu su sfondo bianco circondato da rosso.

Altri identificatori includono un numero nero: "13" per lo stato di Madre Club; "4" è il motto vivere e morire; "5" che rappresenta la SS motto tedesco; "7" per "in memoria di"; "9" è il capitolo di appartenenza del membro. Alcuni membri sono anche noti per indossare i patch supremazia nazista bianche sul fronte delle giacche.

Devono per regolamento essere caucasici, di almeno 21 anni di età ed essere proprietari di moto di fabbricazione americana. Il consiglio dei Pagans, composta da membri della gang madre, sono responsabili nello stabilire le regole e lo svolgimento delle attività di gruppo.

Per le OMGs la natura dei crimini commessi è legata anche alle principali attività lavorative dei loro membri.

Sono coinvolte su più fronti nelle maggiori Street Gang presenti sul territorio evolvendosi da semplici combattenti a sofisticati criminali capaci di vendersi al miglior offerente per qualsiasi tipo di crimine nazionale ed internazionale, come per esempio gli Hells Angels.

A livello nazionale grazie alla mobilità attraverso le loro motociclette si spostano supportando i traffici di droga e di armi da uno Stato a un altro riuscendo a camuffare le loro attività illegali.

Così gli Hells Angels, gli Iron Horsemen, gli Outlaws, i Bandidos, i Mongols, i Pagans, i Sons of Silence e i Vagos hanno adottato come facciata pubblica il loro buonismo partecipando anche ad eventi caritatevoli, sostenendo di essere solo semplici motociclisti che appartengono a un club. E, se vengono presi in flagrante, il membro arrestato o coinvolto nega il legame con il suo club.

Inoltre il numero dei Motor Club, o meglio OMGs, influenza la sua capacità di formare alleanze di gruppo e di impegnarsi in attività criminali che contribuisco ad arricchire i clubs, mantenere il controllo del territorio sempre più ampio stabilendo nuovi fruttiferi contatti ed alleanze, attirando così molti nuovi membri. Inevitabili sono però gli scontri violenti tra le gang rivali con fatti che la cronaca recente ci riporta ciclicamente.

Si occupano principalmente di crimini violenti, come aggressioni, rapine e omicidi.

Secondo le statistiche dei crimini e degli arresti sono in possesso di armi; spesso minacciano, aggrediscono e si occupano di traffici di droga: metamfetamina, cocaina e marijuana si sono classificate rispettivamente come le prime tre droghe che hanno portato agli arresti membri negli ultimi due anni.

Anche le varie occupazioni dei membri favoriscono tale

organizzazione. Di conseguenza, molti membri sono impiegati o titolari di aziende che comprendono il lavoro manuale, operai. Le aziende di proprietà di alcuni membri li coinvolgono prevalentemente nel settore dei servizi, come officine di riparazione di motocicli e negozi di tatuaggi. In alcuni casi utilizzano le loro attività per facilitare l'attività criminale.

Tipi di imprese:

Officine di riparazione moto
Officine di riparazione auto
Tatuatori
Barman
Body Guard
Impiegati in agenzie per la Security
Butta fuori nei Night Club
Operai impiegati nelle costruzioni
Autisti per piccoli trasporti
Autotrasportatori

Questo tipo di Gang ha forti legami con i militari. OMGs, come gli Hells Angels, Vagos e molti membri hanno accesso a installazioni militari; hanno reclutato diversi militari in servizio attivo ed hanno spesso legami con personale militare in servizio attivo membri dei club. Anche gli stessi membri sono impiegati e appaltatori federali, militari in servizio attivo, riservisti e appartenenti alla Guardia Nazionale, tutti legami che ne consentono sempre più la loro espansione.
Negli Stati Uniti, gli Outlaws hanno una spiccata presenza negli stati orientali, nel midwest, nel sud e in particolare in Florida, forse per la caratterizzazione manifestamente orientata al "white power" e allo spiccato nazionalismo. Non pare che ad oggi ci siano sedi degli Outlaws in California, tradizionale territorio degli Hells Angels. In Europa la presenza degli Outlaws risale a un primo club motociclistico belga, che casualmente portava colori molto simili a quelli dell'Outlaws MC. Questo club, in breve, fu oggetto di un "patch-over" una fusione tra club adottando così, pacificamente, i

colori del club prioritario e diventando il "mother chapter" degli Outlaws MC in Europa, cioè il club che progressivamente ha autorizzato tutte le sezioni successive degli Outlaws in tutto il resto del territorio europeo. Gli Outlaws hanno una presenza capillare in centro Europa, Germania, Belgio, Inghilterra e Paesi dell'est, ma con presenze rilevanti anche in Francia e Russia. In Italia sono presenti due "chapters": uno a Verona e un altro a Bassano del Grappa, mother chapter per l'Italia.

CAPITOLO SETTE

PRISON GANG

Le carceri sono sempre state considerate come "fabbriche di mostri" infernali. Vero o no che sia, e dipende dai casi, il sistema penitenziario tratta i criminali appartenenti alle Gang in maniera assolutamente anonima. Li considerano una minaccia alla sicurezza eliminando ogni tipo di identificazione che possa legare il singolo al gruppo.[82] Questo perché i meccanismi dei gruppi criminali, soprattutto legate alle Street Gang, sono all'interno delle prigioni vietate. Eppure nonostante gli sforzi tutto questo è ampiamente raggirato ed il connubio Street-Prison resta il più solido tra i legami. Un legame rafforzato dai numerosi patti di alleanza che in carcere si stringono, dalla corruzione di molte guardie carcerarie e dai numeri impressionanti di prigionieri, conseguenza dell'inasprimento delle pene per spaccio di droga con la politica del proibizionismo iniziata a ridosso degli anni '80 del secolo scorso. Infatti, la riforma del 1986 dichiarò una nuova guerra alla droga, ma colpì essenzialmente tutta la fascia sociale bassa ed indigente che risultò essere quella recidiva. Purtroppo l'entrare e l'uscire dal carcere con frequenza, e poi definitivamente rimanerci, ha alimentato tutta quella serie di alleanze e guerre tra bande che alla fine hanno incrementato non solo i traffici di droga, ma una serie di attività di contrabbando che vanno dalla sigarette ai telefoni e molto altro. Sembra un po' una beffa, dopo l'enorme effetto avuto con la politica del proibizionismo degli anni '20, con riferimento agli alcolici, che favorì le attività illecite mafiose legate al contrabbando[83].

---

[82] Il termine gruppo di minacce alla sicurezza o STG. "security threat group".

[83] 1929 Volstead Act_proibiva la vendita ed il consumo di alcolici nei bar poiché

All'interno degli istituti di correzione le Gang continuano a operare impunemente controllando dall'interno imperi criminali, rendendo

impotenti le autorità carcerarie per il loro contrasto e repressione di fronte alla numerosa popolazione carceraria in costante aumento.

Questo tipo di aggregazioni nascono essenzialmente tra individui della stessa etnia, razza e da alleanze pre-carcerarie formatesi per strada. L'obiettivo è di cercare protezione per il singolo, che spesso pur non avendo alcun legame con una Gang fuori dal carcere o essere stato arrestato per motivi diversi, cerca nel gruppo di "socializzare" rendendosi poi partecipe delle attività criminali, poiché la maggior parte delle Prison Gang fa di più che offrire una protezione semplice per i propri membri.[84][85] Il gruppo, di contro, rafforza le alleanze interne per continuare le attività illegali all'esterno, anche tra un carcere e l'altro a causa di

---

considerato amorale. È considerato l'atto di nascita degli imperi mafiosi costruiti attorno al contrabbando di alcool.

[84] Di solito il singolo viene spaventato fino a quando non trova un senso di appartenenza in una "cricca". Si uniscono insieme senza regole formali, leader o requisiti di appartenenza. Si evolve quindi in un "gruppo predatore", creando requisiti esclusivi per l'appartenenza e posizionandosi contro le guardie carcerarie, anche aggredendoli. Quindi, impegnandosi in attività illegali, scelgono i leader per gestirli. Nella sua fase finale il gruppo emerge e viene riconosciuta come Prison Gang.

[85] Erving Goffman, delinea quattro passaggi di adattamento dei detenuti. Nel primo passo, il detenuto subisce un "ritiro situazionale" o un ritiro mentale dall'istituzione. "Il detenuto ritira l'attenzione apparente da tutto tranne gli eventi immediatamente intorno al suo corpo". Il secondo passo è chiamato "colonizzazione" quando il detenuto cerca di razionalizzare l'istituzione come preferibile alla vita al di fuori. Il terzo passo, "conversione", è quando "il detenuto assume la visione personale di se stesso e cerca di recitare il ruolo del detenuto perfetto". Il quarto passo, in cui i membri della banda carceraria si inseriscono, è chiamato "la linea intransigente", quando il detenuto rifiuta l'autorità dell'istituzione e agisce contro di essa.

trasferimenti di detenuti, o rilasci di detenuti e introduzione di membri di Street Gang nella popolazione carceraria. Le Prison Gang hanno spesso diversi "affiliati" o "capitoli" in diversi sistemi carcerari di stato che si diramano a causa del movimento o del trasferimento dei loro membri. Le Gang più piccole e con meno diffusione possono associarsi o dichiarare fedeltà a quelle più grandi. Inoltre, alcuni "capitoli" di queste Gang possono dividersi in gruppi antagonisti che diventano rivali, come ha fatto la mafia messicana in Arizona.[86] Molte Street e Prison si organizzano in un'unica struttura che si divide in due categorie principali: leadership e soldati e attraverso questi ruoli di comando dei membri all'interno, le attività criminali si manifestano con la violenza ed i traffici, prima su tutti il contrabbando di droga (marijuana, cocaina, metanfetamina, eroina e cannabioidi sintetici), secondo le armi, terzo i telefoni cellulari che vengono utilizzati per controllare i membri delle Gang per strada, ma anche il cibo, i vestiti, le sigarette, gli alcolici. I telefoni cellulari sono il mezzo per controllare il territorio dall'interno e nello scambio sono alla pari di un'arma. Si occupano anche di prostituzione, aggressioni, rapimenti e omicidi all'interno delle strutture correzionali, che spesso servono ad intimidire gli altri detenuti e a corrompere o intimidire il personale carcerario per assicurarsi che possano svolgere le loro attività senza interferenze e creare collegamenti verso l'esterno. L'ascesa del potere delle Prison Gang è riconducibile all'incremento della popolazione carceraria bisognosa di tutto quello di cui necessitano all'interno della prigione, che nella maggior parte dei casi è vietata, e dalla crescente domanda dal mondo esterno di droga, armi e altri oggetti di contrabbando. In effetti, la gestione dei traffici e delle persone in strada ha in pratica fatto leva sulla "qualità" delle forniture, riconducibili a soggetti già noti e credibili con una buona reputazione sul mercato. Non è facile nel mercato del sommerso acquistare, per esempio, droga e armi rischiando non solo di non ricevere buoni prodotti, ma anche correre il rischio di incappare in una qualche agente sotto copertura e di essere arrestati. L'organizzazione poi si è ancora di più

---

[86] Nella mafia messicana "vecchia" o "originale" associata alla banda originale della California e alla "nuova mafia messicana", un gruppo rivale.

rafforzata nelle carceri per proteggersi dalle Gang rivali all'interno. Le aggressioni, le rapine e gli omicidi[87] hanno una percentuale molto alta tra i reclusi proprio perché nel carcere, come in strada, si riproduce lo stesso sistema di domanda, offerta ed organizzazione. Le alleanze e la corruzione che favoriscono le attività illecite, hanno l'obiettivo di generare denaro, controllare il territorio e assicurare il potere gestendo l'immenso mercato illegale del territorio cercando il più possibile di eliminare la concorrenza.[88]

Come avviene nelle strade, in carcere gli affiliati si attengono alle stesse regole per aderire ed operare all'interno della Gang: ci si riunisce regolarmente; si fornisce protezione fisica ai suoi membri; si cerca di mantenere il controllo territoriale; si difendono gli interessi economici e, soprattutto all'interno del carcere, si mantiene l'identità del gruppo di appartenenza. Nel carcere i membri sono uniti e ed aderiscono alla stessa ideologia e come per le Street Gang si identificano con il nome della Gang con i suoi colori, simboli, tatuaggi e modi di comunicare. Ed è la base per influenzare la loro supremazia di quello o altro gruppo, generare denaro e mantenere la reputazione. Per i membri della Prison Gang è molto difficile dissociarsi e non possono sfuggire al loro ambiente e sono quindi costretti a rispettare i regolamenti delle loro Gang a vita ed abbandonare la Gang significa firmare una condanna a morte.

---

[87] A proposito di omicidi commessi per non essere scoperti, due sergenti del Dipartimento di Correzione della Florida, per esempio, avrebbero ordinato che un detenuto venisse ucciso per proteggere il loro coinvolgimento in un'operazione di una banda. In base alle registrazioni giudiziarie, per più di un anno, almeno cinque guardie, inclusi i due sergenti in questione, hanno contrabbandato droghe, sigarette e telefoni cellulari per bande di Bloods and Folk Nation in cambio di migliaia di dollari.

[88] Ci sono anche due importanti teorie sociologiche riguardanti le bande carcerarie e l'ordine all'interno delle prigioni: teoria della privazione e teoria dell'importazione. La teoria della deprivazione sostiene che l'ordine sociale all'interno delle prigioni si pone a causa del dolore della prigionia; gli studi incentrati su questa teoria esaminano le esperienze dei prigionieri e la natura della loro reclusione. La teoria dell'importanza si concentra invece sulle esperienze che i detenuti avevano prima dell'incarcerazione. Esplora i modi in cui classe, razza e cultura della droga fuori dalla prigione hanno modellato le dinamiche all'interno della prigione.

Nonostante la popolarità ed i numeri delle Street Gang, emerge una realtà drammatica. Proprio negli istituti di correzione oggi risiede il potere di queste organizzazioni, una sorta di inversione di tendenza dettata dal fatto che molti degli affiliati non essendo impegnati nelle attività in strada ha più tempo per dedicarsi alle strategie ed alla organizzazione degli innumerevoli "soldati" che operano fuori, ma anche per stringere alleanze che superano la grandezza delle Gang avvicinandosi pericolosamente al Crimine Organizzato ed al Terrorismo. Infatti, se i Bloods, i Crips, i Sureños, gli Almighty Latin King, Queen Nation ed i Gangster Disciples sono le cinque gang più comunemente segnalate nelle strutture statali, non mancano nelle statistiche MS-13 e la 18th street gang legate ai maggiori Cartelli della droga del Sud America. In definitiva la creazione di un mondo parallelo con le Prison Gang ed il rapporto simbiotico tra strada e carcere ed il potere di questo tipo di associazione ha acquisito una importanza non da sottovalutare per i rischi alla Sicurezza Nazionale. E' importante sottolineare che sempre più le decisioni e gli ordini arrivano dai membri che sono in carcere e che, mentre per la strada i membri sono molto giovani, all'interno del carcere gli affiliati possono avere già un'età adulta ed essere in grado di influenzare membri giovani della propria famiglia che sono fuori ad affiliarsi ai gruppi nelle strade. I membri che poi ritornano per strada continuano a commettere reati cercando però di rimanere nell'anonimato e non essendo distinguibili dalle forze dell'ordine spesso la minaccia delle Prison Gang viene trascurata anche perché molti affiliati entrano ed escono continuamente di prigione non facendosi riconoscere come appartenenti ad una specifica Gang. Ecco perché i reati commessi dai membri che sono in prigione spesso non rientrano nelle statistiche legate alle Gang.

Esistono sei principali Prison Gang che sono riconosciute a livello nazionale per la loro partecipazione alla criminalità organizzata e per la loro violenza:

- Netas
- Aryan Brotherhood
- Black Guerrilla Family
- Mexican Mafia
- La Nuestra Familia
- Texas Syndicate

Eppure le distinzioni partono tra Gang composte da Bianchi e Afro-Americani, i Nativi americani, i gruppi legati alla Mafia Messicana e, soprattutto, le Gang estremiste di Supremazia Bianca come Aryan Brotherhood, Lowriders nazista,[89] Confederate Knights of America, Aryan Circle, Dead Man Incorporated, Fratellanza Ariana del Texas e Brotherhood of Aryan Alliance. La maggior parte delle Prison

---

[89] una nuova Prison Gang bianca che è emersa dopo che molti membri della Aryan Brotherhood sono stati inviati all'unità di sicurezza di Pelican Bay o trasferiti nelle prigioni federali. L'NLR è associato ai membri originari dell'Antelope Valley ed è noto per accettare membri ispanici dalla pelle chiara o caucasici. Anche i Fratelli europei è una nuova Prison Gang di supremazia bianca fondata in Oregon affiliata alla Aryan Brotherhood e al Ku Klux Klan.

Gang mantiene il nome originario delle strade, ma alcune di esse sono nate proprio all'interno degli istituti correzionali, come per esempio la Kumi415 nata nella prigione di San Quintino da membri della Black Guerrilla Family e la Aryan Brotherhood bianca in contrapposizione.[90]
Particolare attenzione è rivolta alle Gang nelle carceri Texane in cui gravitano prigionieri per la maggior parte ispanici legati alle Organizzazioni Criminali Transnazionali ed ai Cartelli della droga del Sud America.

Texas Sindycate Un gruppo altamente organizzato che copre il confine tra Stati Uniti e Messico, con un'appartenenza a più di 1300 giovani. Alleata con Los Zetas[91], che è considerato dalle autorità statunitensi come il sindacato criminale più spietato e sofisticato del Messico. È un gruppo consolidato fondato negli anni '70, ma negli ultimi anni, ha visto un declino a causa dell'aumento di Tango Blast e di altre bande.

Tango Blast sono delle Gang locali distribuite nelle città e nei quartieri del Texas, rivali del Texas Sindycate, sono molto presenti nelle prigioni. Nate da una faida con un'altra Gang di prigionieri ispanici, la prima fu fondata ad Austin nel 1988 e si chiamò Four Horseman. Coinvolte nei traffici di esseri umani, per lo più immigrazione clandestina, traffici di droga e comuni tipi di contrabbando, hanno una rigida leadership, ma gli affiliati non sono costretti a rimanerci a vita, possono lasciare la Gang quando vogliono senza doverne spiegare le ragioni. Si stimano ad oggi circa 20.000 membri sia per strada che nelle prigioni.

---

[90] presenti insieme ad altre Gang Nere nelle prigioni di Salinas Valley State Prison, Folsom State Prison, Monterey County Jail, Pleasant Valley State Prison in Coalinga.

[91] Los Zetas è una organizzazione criminale originaria del Messico, impegnata nel traffico internazionale di droghe, nei rapimenti a scopo di estorsione e in altre attività illecite sul territorio centroamericano. Dal momento che si occupa principalmente di affari legati agli stupefacenti, *Los Zetas* è considerato prima di tutto un cartello della droga.

Tango Blast e il Texas Sindycate rimangono la minaccia maggiore per il Texas a causa delle loro relazioni con i cartelli messicani, svolgono attività criminali transnazionali ed hanno un'alta propensione alla violenza.

Per quanto possano cercare di rendersi invisibili è praticamente impossibile non ricollegare un certo tipo di attività all'interno del carcere ad una Gang che all'interno di esso lavora per i propri fini attraverso il crimine. Il numero degli omicidi e dei ferimenti, il controllo dei detenuti e degli oggetti o sostanze in loro possesso sono degli indicatori utili sia per smascherare il contrabbando sia per la corruzione delle guardie carcerarie che si rendono complici soprattutto per quanto riguarda i traffici di telefoni ed armi.[92] Il contrabbando avviene tramite il personale corrotto che permette l'ingresso ai visitatori che introducono le merci di contrabbando e ammettendo i pacchi che arrivano per posta facendoli passare come controllati e conformi. L'alta incidenza del contrabbando di telefoni cellulari è dovuta al fatto che la comunicazione è fondamentale per il controllo delle bande di detenuti per le Street Gang. Le Prison Gang, come le altre tipologie di queste associazioni, si avvalgono del supporto femminile. Il coinvolgimento femminile nelle bande di detenuti avviene più spesso sotto forma di facilitazione esterna, presentando le donne come partecipanti attivi che aiutano e favoriscono i crimini guidati dalle loro controparti maschili. Le bande carcerarie fanno affidamento sulla facilitazione femminile per perseguire nuovi obiettivi criminali e molte Prison Gang non potrebbero sopravvivere senza le loro compagne ed il loro supporto. Infatti, durante la maggior parte delle investigazioni i primi soggetti che vengono controllati negli spostamenti, nelle abitudini e nei movimenti di denaro, sono proprio le donne.

---

[92] Questi ultimi di solito forniti dai bikers che per le caratteristiche ed i legami già spiegati sono i soggetti più adatti a fare da tramite con l'esterno e che usano lanciare al di là dei recinti i pacchi con la merce.

CAPITOLO OTTO

TERRE DI CONFINE

Dai recenti dati statistici emerge che si sono intensificate negli ultimi anni le attività criminali legate alle Gang sia a ridosso dei confini con il Canada, sia con quelli a sud-ovest a ridosso del Messico. L'individuazione e il contrasto di attività e sodalizi criminali a ridosso dei territori di confine con il Messico sono molto difficili a causa del lunghissimo confine che divide i due stati ed il numero incontrollabile di persone che varcano i confini clandestinamente.

Certo non tutti quelli che varcano i confini sono dei criminali o hanno intenzione di diventarlo, le cause vanno ricercate nei motivi per cui lasciano i loro Paesi di origine, non solo il Messico, per una condizione di vita migliore[93]. Una buona parte di queste persone, però, sono reclutate dalle Organizzazioni Criminali, nella maggior parte dei casi dai Cartelli della Droga, appartengono alla Criminalità transfrontaliera che si alimenta attraverso traffico e distribuzione di droga che avvengono usando i metodi più disparati, contrabbando di armi, tratta di esseri umani e supporto per l'immigrazione clandestina. E non solo. Infatti, le stesse organizzazioni criminali che sfruttano i clandestini riversandoli ai confini degli Stati Uniti, sfruttano le Street Gang statunitensi, già organizzate sul territorio,

---

[93] Chiamati anche border-hopper o river-crosser sono immigrati di origine latino-americana che sono identificati come "latinos" o "chicanos" (mentre il soprannome riservato agli italiani oltre a black era dagos a tempi della Grande Emigrazione dall'Italia agli Stati Uniti). Lungo il confine si possono individuare due parti geograficamente molto diverse tra loro: il "river borderlands" tra il Golfo del Messico e Ciudad Juárez-El Paso, caratterizzato dalla presenza del fiume Rio Grande (Río Bravo) e il "desert borderlands" che prosegue dopo il fiume fino ad un'indeterminata zona ad ovest, caratterizzato da terre desertiche.

per favorire la distribuzione dei traffici al di là dei confini. I territori a ridosso delle frontiere, in particolare quelle con il Sud America – Texas - Florida – California sono caratterizzate da scambi di relazioni con le organizzazioni criminali transnazionali messicane MTCOs, letteralmente Mexican Transnational Criminal Organizations. Le città situate lungo il confine sono caratterizzate da una fitta gamma di relazioni economiche e commerciali con le città corrispondenti nell'altra sponda del confine, tanto da essere definite le città gemelle: ad esempio Tijuana e San Diego, Ciudad Juárez ed El Paso, Nuevo Laredo e Laredo, Matamoros e Brownsville. In totale, esistono 42 connessioni internazionali lungo il confine e collaborano con Los Zetas o con il Cartello di Sinaloa. Negli ultimi anni la violenza nelle aree urbane è aumentata, mentre questi cartelli messicani e le gang che lavorano con esse combattono per controllare la distribuzione di cocaina, eroina e marijuana[94]. Negli ultimi anni con i dati di crimini e i risultati delle investigazioni, Funzionari federali, statali e locali stanno osservando un crescente nesso tra i Cartelli Messicani della Droga e le reti di contrabbando gestite attraverso le Gang americane. A questo si aggiungono le reti di contrabbando di immigrati clandestini che operano lungo il confine sud-ovest. Per passare in questi corridoi controllati il clandestino deve pagare una tassa che varia da $ 1,200 a $ 2,500. La tassa è notevolmente superiore per gli stranieri illegali che provengono da paesi diversi dal Messico. Si stima che i criminali che gestiscono questi traffici guadagnino miliardi di dollari ogni anno. I traffici riguardanti l'immigrazione clandestina implicano l'ingresso illegale di persone per benefici finanziari o di altro tipo, ed il rapporto d'affari in genere cessa una volta che l'individuo ha raggiunto la sua destinazione. La tratta di esseri umani al contrario comporta il reclutamento, il trasporto e il sequestro di persone

---

[94] I principali Paesi produttori Colombia: É il maggior fornitore mondiale di cocaina. Anche quasi tutta l'eroina che viene consumata nell'est degli Stati Uniti proviene dalla Colombia.
Messico: É uno dei più importanti produttori di eroina e marijuana destinate al mercato statunitense.
Bolivia: Ha aumentato considerevolmente la produzione di cocaina negli ultimi anni, grazie a piantagioni più estese e nuove tecniche di coltivazione.

attraverso la forza, la frode o la coercizione per utilizzarle come forza lavoro o prostituzione che traduce in schiavitù la relazione tra la vittima e l'organizzazione di solito non finisce e spesso diventa sfruttamento e violenza a vita. Il Crimine Organizzato Messicano rappresenta la più grande minaccia per tali traffici negli Stati Uniti poiché non ha rivali sul mercato essendo specializzati nel trasporto e nella distribuzione in maniera capillare e precisa. Controllano il traffico di droga attraverso il confine sud-ovest e si stanno muovendo per espandere la loro presenza in gli Stati Uniti, in particolare nei mercati dell'eroina. Tali traffici si sono estesi alle più grandi città americane come Boston, Chicago, Los Angeles e Philadelphia. I trafficanti trasportano la maggior parte delle loro droghe sul confine sudoccidentale attraverso i porti di entrata utilizzando veicoli passeggeri o rimorchi dei camion, e ultimamente attraversano il confine a borde dei "droni" telecomandati. Le droghe sono stivate in compartimenti nascosti quando sono trasportate con le comuni automobili, per esempio all'interno dei copertoni o negli air-bag, o mischiate alle merci quando vengono trasportate con i rimorchi dei camion. Una volta attraversato il confine, le droghe vengono trasportate in città come Dallas, Houston, Los Angeles e Phoenix, che funzionano come depositi e poi trasportate attraverso questi stessi mezzi di trasporto a gruppi di distribuzione nel Midwest e sulla costa orientale. La maggior parte dell'eroina, della cocaina e delle metanfetamine che sono disponibili sul mercato negli Stati Uniti provengono dal Messico e dalla Colombia. L'eroina sudamericana continua ad essere predominante nei mercati degli Stati Uniti orientali, mentre le metanfetamine hanno raggiunto livelli di produzione all'interno degli Stati Uniti attraverso la creazione di appositi laboratori. Gli ingredienti, che sono comuni articoli domestici, come per pseudo efedrina, compresse di efedrina, batterie al litio, combustibile, sono mescolati in un contenitore di plastica, tipo bottiglia, per produrre piccole quantità di metanfetamine. Metanfetamina in soluzione, invece, serve per l'occultamento della metanfetamina nei liquidi ed è aumentato significativamente in tutti gli Stati Uniti specialmente lungo il confine sud-occidentale. La metanfetamina in soluzione si ottiene sciogliendo la polvere in soluzione, come acqua o alcol (metanolo, etanolo, ecc). La metamfetamina in soluzione fornisce ai TCO un metodo di occultamento semplice e difficilmente riconoscibile. La metamfetamina in soluzione è nascosta in vari prodotti di consumo, tra cui bottiglie di liquore, bottiglie di detersivo e altri contenitori di prodotti commerciali che sembrano sigillati in fabbrica. Più frequentemente, la metanfetamina in soluzione è nascosta in flaconi di bevande non alcoliche come bibite, bevande sportive, succhi e bottiglie d'acqua. Oltre a nascondere la metamfetamina in soluzione come prodotto di consumo importato, a volte è nascosta nelle parti del veicolo tipicamente utilizzate per contenere liquidi quali i radiatori dell'acqua, le batterie, il serbatoio del liquido lavavetri per parabrezza ed il serbatoio del carburante.

Il contrasto a questa espansione, che ad oggi ha raggiunto delle infiltrazioni molto difficili da sradicare, iniziò in tempi più moderni, con l'operazione "Wetback", perché i clandestini varcavano il confine attraversando il fiume Rio Grande, rivolta al rimpatrio dei cittadini messicani[95]. Era il 1954 sotto la presidenza di Eisenhower, texano e conoscitore della questione, vedeva nell'immigrazione illegale un problema di estrema urgenza, fin dagli inizi del suo mandato la controversa questione del confine tra Messico e Stati Uniti fu una priorità. In California e in Arizona si rastrellarono le città a caccia dei messicani per poterli deportare nel loro Paese di origine. Per quanto molti furono deportati, il problema non si risolse, le ondate di clandestini non si fermarono. E quello fu uno dei tentativi seguiti dalla costruzione del muro sul confine nel 1990 durante la Presidenza Bush con l'iniziativa "Prevenzione attraverso la Deterrenza", in base al quale, tra le altre cose, iniziò a costruire recinzioni e ostacoli sul confine, in particolare nell'area di San Diego. Il muro messicano o muro di Tijuana, è una vera e propria barriera di sicurezza costruita lungo la frontiera al confine tra USA e Messico, dove viene però chiamato Muro della Vergogna. Il suo obiettivo è quello di impedire agli immigranti illegali, in particolar

---

[95] Prima iniziativa fu la Mexican Repatriation Act messo in atto durante la Grande depressione per spingere i cittadini messicani a ritornare in Messico, a causa della pessima situazione economica negli Stati Uniti fu una deportazione di massa di messicani e messicani-americani dagli Stati Uniti tra il 1929 e il 1936.

modo messicani e centroamericani, cioè Guatemaltechi, Honduregni, Salvadoregni e Nicaraguensi, di oltrepassare il confine statunitense. Tuttavia il blocco, gli arresti e le morti non sono serviti a nulla per fermare questo flusso continuo di clandestini vittime di mancanza di interesse nei loro confronti e di negligenza politica dei loro Paesi. Nel 1994 durante la presidenza Clinton la barriera fu sviluppata ulteriormente. L'iniziativa più evidente fu quella di aggiungere una presenza fissa di forze di polizia al confine. La controversia politica non ha dato soluzioni efficaci. Da un lato l'opportunismo di poter usufruire di manodopera a basso costo e a un introito di mancato rimborso delle tasse[96], dall'altro l'insicurezza sociale, la mancanza di forze sufficienti per contrastare i numeri dei crimini commessi dalla maggioranza di quelli che non trovano più redditizio e meno faticoso lavorare per le organizzazioni criminali o le Gang, non trovano punti in comune ed efficaci proposte per la soluzione di problematiche oramai ingigantite.

---

[96] L'opportunismo fiscale entra dalla porta ed esce dalla finestra: migliaia di clandestini, di ogni etnia, per poter lavorare si rivolge al mercato nero per comprarsi un documento falso con tanto di Social Security Number che li rendono idonei a lavorare ed a pagare regolarmente le tasse. Tasse che però, in parte, per una serie di detrazioni, vengono restituite al lavoratore, ma essendo quest'ultimo con una residenza fasulla l'assegno inviato per il rimborso torna indietro al mittente ingrossando le casse statali.

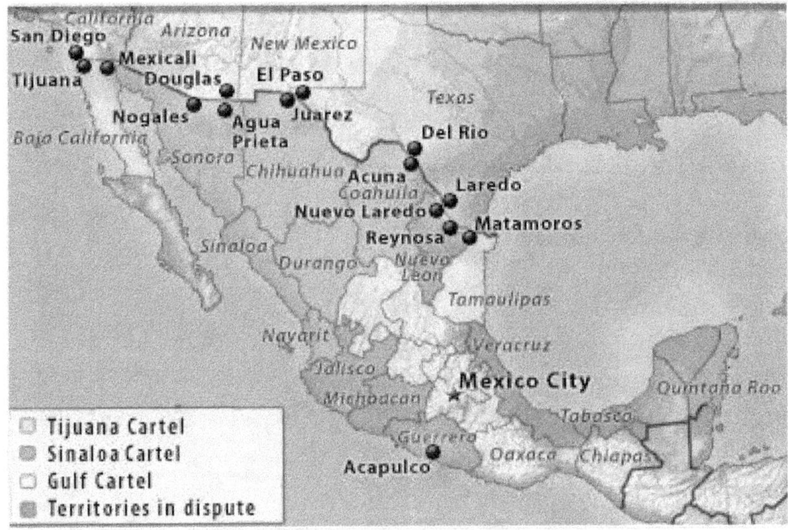

Queste sono le maggiori alleanze tra i Cartelli Messicani e le Street Gang:

Cartello Arellano-Felix
Almighty Latin King and Queen Nation
Border Brothers
California Mexican Mafia
Florencia 13
Logan Heights Gang
Sureños

Cartello di Sinaloa
Almighty Latin King and Queen Nation
Border Brothers
Bloods
Eme
Crips
MS-13
Sureños
Tango Blast
United Blood Nation

Cartello del Golfo
Bloods
Crips
Emi
Hermanos Pistoleros Latinos
MS-13
Partido Revolucionario Mexicano
Raza Unida
Texas Syndicate

Cartello di Juarez
Almighty Latin King and Queen Nation
Barrio Azteca
Hermanos Pistoleros Latinos

La Familia Michoacán:
Almighty Latin King and Queen Nation
Crips
Eme
Los Cholos
Murder Inc.
MS-13
Sureños
Tango Blast

Los Zetas:
Aryan Brotherhood of Texas
Almighty Latin King and Queen Nation
Bandidos Motorcycle Club
Bloods
Crips
Eme
Emi
Hermanos Pistoleros Latinos
MS-13
Sureños
Norteños

Texas Syndicate

Un significativo supporto a queste attività dei Cartelli arriva dalle Prison Gang poiché controllando le Street Gang hanno il potere di dare ordini ai giovani in strada di commettere crimini per conto del MTCO fungendo da intermediari. Alcuni affiliati incoraggiano figli, familiari ed amici ad aderire alle Street Gang suggerendo anche di unirsi a quelle con regole di affiliazione più lente, come il Tango Blast ed il Texas Sindycate.

Anche in questa enorme e capillare organizzazione il ruolo delle donne è cruciale. Uno studio sui ruoli di genere nel "Maras" dell'America Centrale fa luce sul duplice ruolo delle donne, che sono allo stesso tempo violentemente sfruttate e fortemente dipendenti dai membri delle bande maschili.[97] Le donne, secondo lo studio, svolgono un duplice ruolo nelle Gang: hanno ruoli e responsabilità da uomini facendo il "lavoro sporco", e quindi si assumono molti dei rischi, e poi agire nel ruolo "femminile" di cucinare e prendersi cura degli uomini, dei bambini e dei malati. Poiché le Gang credono che le donne siano meno sospettose agli occhi delle autorità, hanno anche il compito di agire come corrieri della droga, contrabbandare beni illeciti nelle prigioni, raccogliere informazioni sulle bande rivali[98] e portare armi negli spazi pubblici. Come per l'aggregazione alle altre Gang, le donne legate alle Gang del MTCO godono della stessa disparità di trattamento nei riti di iniziazione. Gli uomini sono pestati a sangue e a loro viene chiesto di scegliere tra il pestaggio e la violenza sessuale. La maggior parte delle volte la violenza sessuale viene scelta come opzione legando però la donna ad una situazione di completa schiavitù sessuale con tutti i membri della Gang a meno che non si diventi la moglie o fidanzata di uno di loro guadagnando così il rispetto al pari del maschio. Volere lasciare la Gang spesso significa morire perché nel codice d'onore è un reato, sempre che non si dimostri che si voglia dare una vita migliore ai figli. Il marchio

---

[97] Lo studio "Violent and Abused", un'iniziativa congiunta tra diverse organizzazioni non governative, esamina il ruolo indifeso ma cruciale delle donne nelle Street Gang Barrio 18 e Mara Salvatrucha (MS13) nei paesi del Triangolo Settentrionale, Guatemala, Honduras e El Salvador.

[98] In Guatemala le donne svolgono questo ruolo per organizzare le estorsioni.

della Gang però rimane a vita ed è difficile cancellare quel passato fatto di violenza, crimini e soprusi non permettendo alla donna un reintegro normale nella società. Il Triangolo del Nord dell'America centrale è diventato uno dei luoghi più pericolosi per le donne, molti femminicidi sono attribuiti alle Gang. A partire dal 2012, El Salvador ha avuto il più alto tasso di femminicidio nel mondo dovuto al crescente ingresso delle donne nelle Gang e spesso vittime delle ritorsioni delle gang rivali. Nonostante i pericoli insiti nell'associarsi alle gang, un numero rilevante di donne sceglie questo stile di vita. Per esempio in Honduras si è rilevato che le donne costituivano il 20% dell'appartenenza a una gang, con quasi tutte collegate al MS13 o al Barrio rispettivamente dal 18 al 52% e al 45%. In Guatemala, il numero di detenute donne è raddoppiato negli ultimi otto anni, secondo gli esperti è collegato al loro ruolo maggiore nei gruppi criminali, che sono spesso attirati attraverso legami familiari o sentimentali. All'interno delle Gang le donne stanno evolvendosi scalando anche la gerarchia e occupando posti di rilievo nell'organizzazione, spesso amministrano le risorse finanziarie provenienti dalle attività illecite.[99]

I legami con il Crimine Organizzato

Il Crimine Organizzato Messicano, e tutte le sue infiltrazioni degli altri Paesi del Sud America ad esso collegati, non è l'unico legame con le Street Gang presenti sul territorio americano.
Le partnership con altre organizzazioni si sono sempre più estese ad Organizzazioni Criminali Transnazionali. Le continue migrazioni hanno favorito le alleanze e le condivisioni di interessi economici sul territorio con altre organizzazioni. Le maggiori agenzie coinvolte nel controllo e contrasto delle attività criminali cercano di scambiarsi informazioni per delineare la fitta rete di connessioni che ha come base le anonime e piccole Gang di quartiere, insospettabili e più fedeli. Quelle connessioni che portano inequivocabilmente a stabilire collegamenti fuori dal territorio di azione.
Nel corso degli anni, agenzie come Federal Bureau of Investigation

---

[99] Il Messico ha visto un aumento del 400 per cento del numero di donne arrestate in relazione al traffico di droga tra il 2007 e il 2010.

(FBI); US Drug Enforcement Administration (DEA); US Bureau of Alcohol, Tobacco, Firearms and Explosives (ATF); Federal Bureau of Prisons (BOP); United States Marshals Service (USMS); Department of Defense USA (DOD); e Customs and Border Protection USA (CBP) hanno confermato la collaborazione delle Street Gang con altre reti illegali come le organizzazioni per il traffico di droga (DTO) con il reclutamento attiva di membri dalle piccole e meno visibili gang di quartiere dette NBGs - Neighborhood-Based Gang, che continuano ad avere un impatto negativo sulle comunità statunitensi e sono di numero maggiore rispetto alle Gang nazionali. L'Intelligence attraverso l'osservazione e l'analisi delle informazioni ha rilevato l'adattamento di queste piccole realtà di quartiere alle nuove regole di un'Organizzazione Criminale più importante capace di dare loro una prospettiva economica migliore. Queste giovani leve spesso prese da profonde crisi d'identità con continui bombardamenti mediatici e nuovi modelli sociali da imitare, sono disposti a tutto pur di migliorare la loro identità in una realtà sociale che li considera anonimi, poveri e senza prospettiva futura.

Il singolo che è alla ricerca di identità per beneficiare della reputazione del gruppo e per opportunità di lucro entra nella Gang e viene utilizzato nella produzione - distribuzione - vendita di droghe, viene ingaggiato per attività di intimidazione, estorsione furti, rapine, aggressioni ed omicidi. Spesso finisce nella rete del Crimine Organizzato che utilizza i ragazzi come manovalanza.

Molti di loro finiscono inevitabilmente nella schiavizzazione da parte non solo di Organizzazioni Criminali, ma anche nella rete di gruppi estremisti terroristici capaci di mantenere promesse di miglioramento soprattutto economico. Per fare un esempio di alcuni delle Organizzazioni Criminali Transnazionali che sono impegnate in azioni illegali soprattutto legate alla droga, generano una serie di attività in cui i giovani vengono impegnati. Una vera e propria industria che va dal trasporto attraverso le frontiere di droghe grezze che poi sono lavorate in appositi laboratori e trasformate a secondo del tipo e del loro uso in pasticche, liquidi e altro e poi distribuite nella fitta rete di connessione. Le principali organizzazioni per fare un esempio sono quelle Colombiane, Asiatiche e Domenicane, ma la loro attività è strettamente collegata ad Organizzazioni Criminali Transnazionali come quelle Italiane di Mafia, 'Ndrangheta e Camorra le cui attività di traffico di droga sono la principale fonte di introiti.

I TCO colombiani che forniscono quantità all'ingrosso di cocaina ed eroina, principalmente nei mercati della droga del nordest.
Le Organizzazioni di Trafficanti Dominicani sono principalmente attive nel trasporto e nella distribuzione di cocaina ed eroina nelle città lungo la costa orientale.
I TCO asiatici operano principalmente sulla costa occidentale, ma stanno diffondendo sempre più le loro operazioni in tutti gli Stati Uniti. I TCO asiatici sono responsabile di traffici di marijuana e MDMA, e sono coinvolti in una varietà di altre attività illecite e reati di violenza: traffico di armi, aggressione, furto d'auto, crimini informatici, riciclaggio di denaro e omicidi.

Il Governo Americano ha sempre cercato di arginare un certo tipo di fenomeni che poi alimentassero le reti criminali attraverso leggi ed accordi internazionali per il contrasto della diffusione delle droghe ed attenuare la tossicodipendenza e l'uso di alcolici.

<u>1912 Convenzione internazionale sull'oppio</u> fu firmata a L'Aia - primo trattato internazionale di controllo dei traffici di droga. Firmato da Germania, Stati Uniti, Cina, Francia, Regno Unito, Italia, Giappone, Paesi Bassi, Persia, Portogallo, Russia e Siam. Controllo della distribuzione di morfina e cocaina.

<u>1914 Harrison Narcotics Act</u> Stati Uniti prima legge sul proibizionismo limitò la vendita di oppiacei e cocaina.

<u>1924 Heroin Act</u> (legge sull'eroina) rese illegale la fabbricazione, l'importazione e la detenzione di eroina.

<u>1929 Volstead Act</u> proibiva la vendita e il consumo di alcolici nei bar poiché considerato amorale. È considerato l'atto di nascita degli imperi mafiosi costruiti attorno al contrabbando di alcool.

<u>1937 il Marijuana Tax Act</u> rese illegale il commercio, l'uso e la coltivazione della canapa indiana e successivamente della marijuana.

<u>1970 Racketeer Influenced and Corrupt Organizations (RICO) </u> legge federale contro le associazioni mafiose.

Nel <u>1973</u> Nixon propose la creazione della DEA (Drug Enforcement Administration), che nacque dall'unione tra il BNDD e l'ufficio per il rispetto delle leggi sugli abusi di droghe (Office of Drug Abuse Law Enforcement) e che aveva il compito di fare rispettare le leggi antidroga.

Le Agenzie e le Forze dell'Ordine coinvolte nel controllo e contrasto cercano prima di tutto di identificare i problemi più gravi e prevalenti della Gang quali i comportamenti anti sociali cercando di determinare potenziali fattori di rischio per meglio identificare i destinatari delle azioni di prevenzione, intervento e soppressione.
Nonostante gli sforzi il controllo resta difficile così come il contrasto ai crimini violenti legati ai gruppi estremisti terroristici, gruppi estremisti di destra e di sinistra ed a tutti i crimini emergenti detti Cyber crimes che sono sempre più in aumento grazie alla dimestichezza dei giovani affiliati con le tecnologie.
Per quanto riguarda lo studio dei legami con gruppi estremisti uno studio dell'Università del Maryland ha sviluppato una ricerca mirata ad analizzare i parallelismi tra le Street Gang ed i gruppi estremisti, prima di tutto la loro violenza. Sia le Gang sia i gruppi estremisti sono coinvolti in attività illegali, in particolare la violenza, sono dominati soprattutto da giovani uomini, ed entrambi sono caratterizzati da una struttura organizzativa più decentralizzata di quanto comunemente si presume. Uno dei principali ostacoli a tali analisi è stata la mancanza di dati comparabili perché in materia c'è poca ricerca empirica, ma ad oggi a seguito della minaccia crescente, si sta cercando di raccogliere quanto più possibile questi dati.

La percezione di quanto gli sforzi e le risorse impegnate siano efficaci arriva attraverso il supporto dato alla Comunità, proprio attraverso la sensibilizzazione e i programmi destinati alle famiglie ed alle scuole, danno un valido supporto per identificare sia i vari problemi organizzativi sia modificare od attuare sistemi che devono essere indirizzati per avere un effetto a lungo termine sul problema. Soprattutto dai dati raccolti, che arrivano anche dai sondaggi, emerge il "modello di Gang" caratteristico per ogni tipologia di territorio o gruppo, quindi zone rurali, le scuole, gli ambiti familiari più disagiati, specifici quartieri.

La prima priorità, secondo i funzionari dell'FBI, è cambiare il modo in cui le Gang vengono percepite dagli agenti. La formazione delle unità anti-gang è tradizionalmente basata su informazioni storiche di attività di Gang di alto profilo, come la ben pubblicizzata faida tra le bande "Crips" e "Bloods" di Los Angeles, ma questa formazione lascia gli ufficiali impreparati di fronte a nuove Gang, in territori diversi e con caratteristiche moderne. La formazione delle Forze dell'Ordine aggiornata, ha migliorato la prospettiva della maggior parte degli agenti sul campo, e un uso migliore della tecnologia sta aiutando a combattere il crimine più sofisticato come quelli informatici. L'FBI ora monitora i social network con la stessa attenzione con cui monitora le strade della città per potenziali attività di gruppo. Utilizzando complessi algoritmi di ricerca, si osserva una varietà di servizi online per provare le connessioni tra gang, compresi i primi segnali di organizzazione in embrione che potrebbero portare a un'attività illegale coordinata.

La Global Incident Map

Per un immediato riscontro sui maggiori crimini presenti i tutto il territorio degli Stati Uniti e non solo è interessante poter navigare su questo sito che in tempo reale fornisce informazioni. Appena sotto la mappa a scorrimento veloce appaiono una serie di informazioni che sono ordinati in ordine temporale. Se si vogliono avere invece informazioni più dettagliate, ad esempio nel nostro caso le gang, basta cliccare su Gang Activity Map.

S'illumineranno sulla mappa gli eventi presenti e passandoci sopra con il mouse si aprirà un menù a tendina con la descrizione dello specifico evento.

Questo è un utile strumento per condividere le informazioni tra le forze dell'ordine che hanno la possibilità di poter avere informazioni riservate con l'iscrizione dedicata a ciascuna categoria.

http://gang.globalincidentmap.com/home.php

Un supporto più specifico e classificato è il "LEO – Law Enforcement online Tool" creato dagli Analisti della sede di Washington D.C.

Istituito all'interno dell'FBI nel 2005, controllato dal Congresso, è nato per contribuire a contenere la crescita delle Gang e le attività criminali correlate. Lavora come una "Multi Agenzia" nata per fornire un aiuto alle forze dell'ordine locali, statali e federali per condividere i dati sulle gang attraverso le giurisdizioni e poter individuare le tendenze riguardanti le attività delle bande violente e la loro migrazione. Da tutti gli Stati Federali e da tutte le Forze impegnate nel controllo e contrasto, arrivano Informazioni attraverso dei database periferici su: immigrazione, attività criminali e sulle Gang che rappresentano una minaccia significativa. Il Leo poi

Condivide le informazioni e l'Analisi di Intelligence attraverso la Piattaforma web e funziona come un'enciclopedia digitale che contiene moltissime informazioni e collegamenti come per esempio arresti, tatuaggi, simboli, terminologia e un forum.

Altri Programmi d'investigazione e contrasto delle Gang

- Central American Intelligence Program
- Central American Law Enforcement Exchange
- MS-13 National Gang Task Force
- National Gang Intelligence Center
- San Salvador Legal Attaché
- Transnational Anti-Gang Initiative
- Violent Gang Task Forces

Aiuti per fermare le Gang

- Gang Reference Card for Parents
- Gang Toolkit for Parents, Police, Educators
- Advice from an FBI Gang Expert

In molte città i programmi portati avanti dalle Forze dell'Ordine locali e nazionali includono le iniziative per rimuovere i graffiti dalle strade. A Los Angeles, per esempio, con l'Operazione Clean Sweep (OCS), i graffiti sono rimossi mediante verniciatura, sabbiatura e rimozione chimica, fornendo i materiali alle organizzazioni della comunità e ai gruppi di volontari che vogliono ripulire i loro quartieri. In generale questi tipi di programmi di supporto agli affiliati sono mirati a:

- far riconoscere che sono pronti a lasciare la banda e a vivere in un modo differente;
- che dovrebbero cercare un lavoro normale e far conoscere realmente le dinamiche delle Gang e come vengono viste al di fuori;

- far riconoscere le interazioni negative con la gang ed evitando rischi per la sicurezza;
- lavorare per stabilire connessioni con le forze dell'ordine;
- stabilire relazioni con le agenzie che aiutano i ragazzi attraverso l'educazione, la rimozione dei tatuaggi, la ricerca di un'occupazione, far conoscere le conseguenze di abuso di sostanze stupefacenti ed alcol, analisi dei problemi familiari e scolastici.

Non è facile far desistere i ragazzi ad uscire da quel mondo, è un processo a lungo termine che implica un cambiamento dell'immagine e dell'identità personale e spesso i programmi di recupero sviluppati vanno rivisti in base alle esigenze personali ed allargarsi alla cerchia familiare iniziando dai genitori.
L'affiliazione alla gang crea effetti negativi ad ampio raggio su ragazzi che possono durare per tutta la vita. Tutti questi effetti possono aumentare nel tempo. Per queste ragioni è particolarmente importante che in futuro la ricerca ed i programmi per contrastare il fenomeno siano condotti sempre più coinvolgendo le comunità e le scuole perché raggiungere il successo con un intervento di gruppo può avere un effetto profondo, non solo su quell'individuo, ma sulla sua comunità, coetanei, famiglia e figli.[100]

---

[100] http://www.gangprograms.com/ https://www.ojjdp.gov/programs/antigang/

Bibliografia

M. Thrasher, The Gang: A Study of 1,313 Gang in Chicago di Frederic, University Of Chicago Press; Abridged edition (March 27, 2013).

M. Nevius, J. Nevius – Inside the apple, Free press, New York, 2009.

M. Picozzi – Cosa Nostra, storia della Mafia per immagini. Mondadori, Milano, 2010.

V. Ceruso – Dizionario Mafioso – Italiano Italiano – Mafioso, Newton Compton Editori, Roma, 2010.

R. De Luca, C. Macri', B. Zoli – Anatomia del crimine in Italia. Manuale di criminologia. Giuffrè Editore, Milano, 2013.

G. C. Marino – Storia della Mafia. Newton Compton Editori, Roma, 2012.

W. Balsamo, G. Carpozi Jr. – The mafia. The first 100 years. Virgin Books, London, 2009.

Gangland New York - Anthony M. DeStefano 2017

Del Zio, R. (2016). Forensic architecture: From the Ixil Triangle. Journal of Biourbanism, IV(1&2/2015), 97–99.

S. Lodato . Trent'anni di mafia. Storia di una guerra infinita. BUR Saggi, Milano, 2006.

J. Mangione, B. Morreale – La Storia. Five Centuries of the Italian American Experience. Arper Collins Publish, New York, 1992.

L. Sante - C'era una volta New York. Storia e legenda dei bassifondi. Alet Edizioni, Padova, 2010.

A. Sabella – Cacciatore di mafiosi. Arnoldo Mondadori Editore, Milano, 2008.

G. C. Marino – I Padrini. Newton Compton Editori, Roma, 2009.

M. Glenny – McMafia. Mondadori, Milano, 2008.

A. Humphreys, L. Lamothe – The Sixth Family. Vito Rizzuto, il collasso della mafia americana. Gruppo Armando Curcio Editore,

Roma, 2009.

S. Raab – Five Families. The rise, decline and resurgence of America's most powerful Mafia empires. Thomas Dunne books, New York, 2005/2006.

M. D'eramo – Il Maiale e il Grattacielo. Chicago una storia del nostro futuro. Universale economica Feltrinelli, Milano, 1995/1999/2004.

P. Corti – Storia delle migrazioni internazionali. Biblioteca Essenziale Laterza, Bari, 2007.

M. Dash – C'era una volta la Mafia. La storia mai raccontata della nascita di cosa nostra. Newton Compton Editori, Roma, 2010.

S. Lupo – Quando la Mafia trovò l'America. Storia di un intreccio intercontinentale, 1888 – 2008. Einaudi Trento, 2008.

Anbinder, Tyler, "From Famine to Five Points: Lord Lansdowne's Irish Tenants Encounter North America's Most Notorious Slum", American Historical Review 107 (April 2002): 351-387.

Anbinder, Tyler, Five Points: The Nineteenth-Century New York City Neighborhood That Invented Tap Dance, Stole Elections and Became the World's Most Notorious Slum. 2001

Asbury, Herbert, Le Gang di New York, 1928, Garzanti, ISBN 88-11-74012-6

"The New Metropolis: New York City, 1840 – 1857," by Edward K. Spann

"Immigrant Life in New York City, 1825-1863," by Robert Ernst (1949)

Criminalità Organizzata nell'Enciclopedia Treccani

eur-Lex - 52000DC0786 - IT

G. Grasso, R. Sicurella, Lezioni di diritto penale europeo, Giuffrè Editore, 2007, p.377

One Percent - Micheal H. Upright

Paul Lunde, Organized Crime, 2004

Cressey & Finckenauer, Theft of the Nation: The Structure and

Operations of Organized Crime in America, Transaction Publishers, 2008

Albini, The American Mafia: genesis of a legend, 1971

Miller, W.B. 1992 (Revised from 1982). Crime by Youth Gang and Groups in the United States. Washington, DC: U.S. Department of Justice, Office of JusticePrograms, Office of Juvenile Justice and Delinquency Prevention.

Klein & Weerman, Street Gang Violence in Europe in European Journal of Criminology, vol.3, n°4, 2006. - Klein et al, The modern gang reader, Roxbury, 2001. - Miller et al, The eurogang paradox: street gang and youth groups in the U.S. and Europe, Springer, 2001.

Skolnick, Gang Organization And Migration And Drugs, Gang, And Law Enforcement, National Youth Gang Information Ctr, 1993 - M Sanchez-Jankowski, Gang and Social Change in Theoretical Criminology, vol.7, n°2, 1991 - M Sanchez-Jankowski, Ethnography, Inequality, and Crime in the Low-Income Community, Stanford University Press, 1995, pp. 80–94 - M Sanchez-Jankowski, Islands in the street: gang and American urban society, University of California Press, 1991

Ann Byers (15 January 2011). Frequently Asked Questions About Gang and Urban Violence. The Rosen Publishing Group. p. 34. Retrieved 16 December 2012

The Five Points By Gregory Christiano "Gotham: A History of New York City to 1898," by Edwin Borrows and Mike Wallace

T.J. (1995). Born to Kill: America's Most Notorious Vietnamese Gang, and the Changing Face of Organized Crime. William Morrow & Co.

Robert Sullivan, Mobsters and Gangsters: Organized Crime in America, from Al Capone to Tony Soprano, *New York: Life Books, 2002.*

National Gang Threat Assessment del FBI nel 2011

Crime Inc. La vera storia della Mafia. Eagles Pictures UK 1984
"From Killing Fields to Mean Streets". Time Magazine. June 24, 2001. Retrieved March 20, 2014
"Police eye gang in killing". NewsTimes. 27 January 2005. Retrieved 16 December 2012.

Sitografia

Map Journal
http://arcg.is/1psOVZt
Mappa
http://arcg.is/2bHwTgY
Premio Esri Italia Live Poster – Raccontare con le Mappe "Dalle Street Gang di New York ai reati di Mafia negli USA". Le Organizzazioni delinquenziali di importazione negli Stati Uniti d'America.
http://www.arcgis.com/home/item.html?id=3c045f6eb4e7494eaea5ae83c030ba60 è realizzato con il supporto di Socio-Spatial Analyst e sviluppato in collaborazione con SoSInt Socio-Spatial Intelligence Method developer
Anit-Defamation League, http://www.adl.org/
Florida Department of Corrections,
http://www.dc.state.fl.us/pub/gang/index.html
http://www.nychinatown.org/history/1800s.html
(EN) Sito ufficiale del governo federale degli Stati Uniti sugli scavi archeologici nei Five Points
(EN) Articolo sulle gang dei Five Points e sugli scontri del 1857 su Urbanography.com
http://www.streetgang.com/resources#sthash.2obtCPFc.dpbs
http://gang.globalincidentmap.com/home.php
http://gothamist.com/2014/01/24/this_nyc_rat_map_will_show_you_wher.php
https://www.smashwords.com/extreader/read/311370/3/fbi-

report-national-gang-threat-assessment-ngta-emerging-trends-street-gang-drug-cartels-regional-and-state-breakdowns-expansion-of-non-traditional-gang

http://it.wikipedia.org/wiki/Portale:Hip_hop

http://www.latitudinex.it/curiosita/un-tour-tra-le-gang-piu-cattive-di-los-angeles.html

http://asg-italia.blogspot.it/2009/07/los-angeles-citta-pericolosa.html

http://gang.umd.edu/GangLibrary.aspx

http://www.urbanography.com/5_points/index.html

http://www.gangprograms.com/

https://www.ojjdp.gov/programs/antigang/

Filmografia

Spring Breakers - Una vacanza da sballo di Harmony Korine, USA 2013

Il selvaggio (The Wild One) del 1953

Educazione siberiana di Gabriele Salvatores, ITALIA 2013

I guerrieri della notte (Walter Hill, 1979).

The Wanderers - I nuovi guerrieri (Philip Kaufman, 1979).

I ragazzi della 56a strada (Francis Ford Coppola, 1983).

Colors - Colori di guerra (Dennis Hopper, 1988).

Gang of New York (Martin Scorsese, 2002).

West Side Story (Robert Wise e Jerome Robbins, 1961).

Skinheads (Geoffrey Wright, 1992).

City of God (Fernando Meirelles, 2002).

This Is England (Shane Meadows, 2006).

Hermanitos, fratelli d'Italia (Jacopo Tartarone, 2010).

Fonte sulle Gang Northwest Gang Investigators Association

NOTE SULL'AUTRICE

Scrittrice italiana che vive tra Roma e New York. È anche Analista Forense specializzata in Analisi Geospaziale del Crimine Organizzato e Membro del Gang Enforcement USA che si occupa dell'Intelligence per il contrasto al fenomeno. Ha focalizzato i suoi interessi di ricerca sul Risorgimento con particolare attenzione al Brigantaggio, il fenomeno sociale delle bande post-Unificazione dei briganti nel sud Italia e le Street Gang Americane ed i reati di Mafia negli USA.

Attualmente la ricerca verte sull'analisi delle Street Gang americane e la loro influenza in Italia come fenomeno migratorio di importazione. In particolare Analisi di Intelligence e crimini legati alle bande giovanili e legami con Crimine Organizzato fino ai reati di Terrorismo in generale e a quelli più contemporanei legati all'ISIS.

E' stata un'assidua collaboratrice di L' altrArtena, un giornale mensile pubblicato a Artena, per il quale ha ideato e seguito "L'Ombelico", una rubrica dedicata alla storia locale, che attinge le narrazioni orali degli abitanti di questo Paese.

L'interesse sul brigantaggio ed i suoi approfondimenti fino ad arrivare al fenomeno dell'emigrazione verso il Nuovo Mondo, sono stati testimoniati in diversi testi, video documenti e saggi.

In particolare il video documento "O Briganti o Emigranti" sul brigantaggio come fattore di spinta per l'emigrazione italiana è stato presentato in convegni differenti e utilizzato per lezioni al Dipartimento di Storia del Queens College di New York.

In ordine cronologico le maggiori pubblicazioni

2016 Journal of Biourbanism Forensic Architecture. (2011–2015). Guatemala: Operación Sofía. London: Goldsmiths, University of London, Centre for Research Architecture, Department of Visual Cultures

Premio Esri Italia Live Poster – Raccontare con le Mappe "Dalle Street Gang di New York ai reati di Mafia negli USA". Le Organizzazioni delinquenziali di importazione negli Stati Uniti d'America.

http://www.arcgis.com/home/item.html?id=3c045f6eb4e7494eaea 5ae83c030ba60 è realizzato con il supporto di Socio-Spatial Analyst e sviluppato in collaborazione con SoSInt Socio-Spatial Intelligence Method developer.

2013 romanzo "La Bicicletta di Sam. Una storia siciliana di amore e di emigrazione"

2012 romanzo "Gente di Passaggio" dal Brigantaggio alla criminalità organizzata pugliese – Carolina del Sud Stati Uniti d'America

2011 "Dal Pane e Pomodoro alla Zuppa di Pesce Ciambotto

2009 video documento e saggio breve in Inglese "O briganti o Emigranti"

2007 capitolo "Brigantaggio, Un viaggio Attraverso Il Presente", nel saggio di Vittorio Aimati , Il paese maledetto, ovvero Un Paese di delinquenti nati?

2006 "Either Brigands or Emigrants" – Video e pubblicazione per il Queens College New York

2006: testo per il teatro "Il Burattinaio della Luna"

E' stata collaboratore della rivista internazionale italiano-americana Atlantis nel 2012 con:

"The Middleman in the AmerItalia"

"Maccaroni di Natale. Equivoci e distorsioni al di là dell'oceano della cucina italiana"

"Dedicato agli italiani di Staten Island. E non solo".

Contatti : r.delzio@gmail.com

https://rdelzio.wordpress.com/